たった5分でクラスがひとつに！

学級アイスブレイク

江越 喜代竹
KIYOTAKE EGOSHI

学陽書房

はじめに

「今まで生きてきて、先生との1年間が一番楽しかったです。先生のこと、一生忘れません。楽しい思い出、たくさんありがとうございました」

「先生はとてもすごいので、これからも、みんなと仲よく、楽しく、学校の先生をしてください。先生が楽しんでいるということは、みんなも楽しんでいます」

「前の先生のお別れ会は、クラス5〜6人でメッセージを書いて、放課後に呼び出して渡しました。でも、先生は、『クラス全員でお別れ会をやろう！』って思える、『クラスみんなで、何かしてあげたい！』って思える先生でした。みんな、バレないように協力してくれました。これって、とってもうれしいことですよね！」

これらの言葉は、今までに担任してきた子どもたちからもらった言葉です。どうして、「生きてきて一番楽しかった」と言ってもらえたのか？その秘訣は、自分の中に、1つの信念をもって教師という仕事を続けてきたことと、「アイスブレイク」を中心として、さまざまなしかけを取り入れてきたことだと思っています。

この本では、そんな僕の学級経営の考え方と、「アイスブレイク」の手法をお伝えしていきます。アイスブレイクは、はじめて出会った人たちの緊張（≒アイス）をほぐす（≒ブレイク）方法の1つです。また、気持ちをリフレッシュしたり、時間調整をしたり、雰囲気をつくり出したり……さまざまな使い方をすることもできます。

しかし、アイスブレイクに秘められた力は、それだけではない、と僕は考えています。アイスブレイクに出会って10年以上。ボランティアとして参加したキャンプや、教育実習など、さまざまな場面でアイスブレイクを行ってきました。「アイスブレイク祭り」なるイベントを開催

したり、アイスブレイクをテーマにした研修をさせてもらったりと、出会ってからずっと、アイスブレイクの秘められた力を探求し続けてきました。

学校現場に入ってからは、着任してのあいさつや、学級びらきの時間、ちょっとした隙間にアイスブレイクを取り入れてきました。そうすると、子どもたちの笑顔がどんどん輝いてくるのです。子どもたちの姿を見ていると、「アイスブレイクには、もっと秘められた力がある!」という想いが強くなってきました。

そんな中、アイスブレイクの秘められた力が、確信に変わった出来事がありました。3年生のクラスを担任した時のこと。2月半ばに行われた長縄大会で、なんと高学年を抑えて全校1位の記録を出すことができたのです! もちろん、いろいろな偶然が重なっての結果かもしれません。ですが僕は、クラスのチームワークがこれほどまでに高まったのは、こつこつと取り組んできた「アイスブレイク」が、子どもたちに火をつけたからではないか、と感じたのです。

子どもたちと一緒に、人生最高の1年間を創る。そのためのヒントをお伝えしたいと思っています。

アイスブレイクの力を探る旅へ、ともに踏み出しましょう!

CONTENTS

はじめに……………3

Introduction アイスブレイクで成功する学級づくり 8つのポイント

1　子どもの心に「熾(おき)」を残す……………12
2　育てたい4つの力……………14
3　「ファシリテーター」として関わる……………16
4　「場」を整える……………18
5　日常に「笑える」しかけをつくる……………20
6　モデルを見せる……………22
7　「ほめる」ではなく「認める」言葉かけ……………24
8　「自分の好きなこと」でしかける……………26

Column 01　教師にとっての「会議室」は……？……………28

Chapter 1 「はじめまして」でもすぐに笑顔があふれるアイスブレイク

学級びらき！ コチコチの子どもたちをどうほぐすか……32
① 教師と子どもの関係を結ぶきっかけづくり！　月とロケット……34
② 抵抗なく取り組めて笑顔があふれる！　じゃんけんチャンピオン……36
③ 「わからない」ことも楽しめる！　ウイークデー・サークル……38
④ 少しずつ心の距離が近づく！　キャッチ……40
⑤ クラスみんなで笑顔をつくり出す！　ハート・ビート……42

Column 02　まずは「自分の」アイスブレイクから……44

Chapter 2 子どもに「自己肯定感をもつ力」を芽生えさせるアイスブレイク

子どもに「自己肯定感をもつ力」を！……48
① まずは自分の「よさ」に気づこう！　ほめほめじゃんけん……50
② 自分の「がんばり」を認められるとうれしい！　ほめほめタイム……52
③ 小さな成功体験の積み重ねを！　ラインナップ……54
④ 深い部分で認め合う関係への第一歩！　うれし、はずかし、魔法の言葉……56

⑤ 「人の役に立つ」ことが自信につながる！　ブラインド・ウォーク……58

Column 03　少しだけ、「わがまま」になってみる……60

Chapter 3　子どもの「夢邁進力」を引き出すアイスブレイク

夢に向かって進む「夢邁進力」……64
① 自分の中の「制限」をはずしていこう！　無限に夢を描こう……66
② 頭をやわらかく、発想を広げて！　新聞紙から考えよう……68
③ 夢がかなった自分を体感しよう！　なりきり自己紹介……70
④ 自分の中に眠る可能性に気づこう！　あの人と一緒……72
⑤ みんなで一緒に夢に近づこう！　夢のバルーン……74

Column 04　思うは招く！……76

Chapter 4 子どものワクワク「楽しむ力」にスイッチを入れるアイスブレイク

「楽しむ力」を育てる……80
① ポジティブに考えるしかない！ 校長先生！ たいへんです……82
② 「間違えた！」も笑い飛ばして楽しもう！ 言うこと一緒……84
③ 思考を変えて楽しさ発見！ カウントアップ……86
④ 短所を長所に変えると楽しくなる！ 嫌なところはいいところ……88
⑤ 「こうしなきゃ！」の枠を取りはらおう！ 筆を使わずに絵を描こう……90

Column 05 「先生が一番楽しそうですね！」と言われよう……92

Chapter 5 子どもたちの「人とつながる力」を育むアイスブレイク

人と「つながる力」を育てる……96
① 気持ちが通じるってうれしい！ こっち向いてお願い……98
② 「ちょっぴり恥ずかしい！」が仲を深める！ ジェスチャーしりとり……100

③ 共通点があると仲が深まっていく！　共通点を探せ…………102
④ 可視化することで違いに気づく！　アンケート…………104
⑤ 言葉にならない気持ちが伝わる！　カードで話そう…………106

Column 06　人とのつながりが気持ちの余裕を生む…………108

Chapter 6　クラスの「チーム力」をどんどん高めるアイスブレイク

一つひとつの成長過程がクラスの「チーム力」に…………112
① クラスで1つの目標を目指す体験を！　パッチン・リレー…………114
② 集中力を持続させる！　ダブルフープ・リレー…………116
③ 机の上でもみんなで協力！　文字探し…………118
④ 大切なのはリーダーだけじゃない！　ココア・リバー…………120
⑤ 決まった時の一体感は最高！　みんなで一本締め…………122

Column 07　リーダーシップとフォロワーシップ…………124

Chapter 7 クラスで問題が起こりそうな時に役立つアイスブレイク

クラスのみんなが「声」を上げられる学級づくりのポイント……128
① 呼吸を整えて気持ちを落ち着かせる！　２分間瞑想…………130
② 話を「聴く」ことの大切さを考える！　聴いてちょうだい…………132
③ 「伝えた」ことのすれ違いを体験する！　オールジャンル…………134
④ 「助けて！」と言い合える関係への第一歩！
　　ハッピー・サーモン・おにごっこ…………136
⑤ 「うまくできない」人にどう寄り添うかを考える！　宇宙旅行…………138

Column 08　「アイスブレイク」という手段にこだわりすぎない…………140

Q&A こんなとき、どうする？……141

おわりに…………145
主要参考文献一覧…………147

Introduction

アイスブレイクで成功する学級づくり 8つのポイント

Introduction 1 子どもの心に「熾(おき)」を残す

子どもたちと接する中で、育てたいものはなんですか？
日々、どんなことを考えて子どもたちに接していますか？

学校教育が目指しているところ

　教育基本法の第1条には、「教育は、人格の完成を目指し、平和で民主的な国家及び社会の形成者として必要な資質を備えた心身ともに健康な国民の育成を期して行われなければならない。」と記されています。ちょっと難しいですね。すべての教育に関わる活動は、この目的のもとに行われています。普段はあまり意識することはないと思いますが、すべての活動はここにつながっているのです。

　第2条には、目的を実現するための「目標」が、そして、各都道府県、市町村、各学校……それぞれに、この目的を実現するための「目標」が設定されています。その目標を実現すべく、僕たちは日々の教育活動を行っているということを、しっかりと根本に置きたいと思います。

「心地よさ」の経験を子どもたちに

　僕自身が常に意識しているのが、「このクラスで過ごしてきた子どもたち一人ひとりが、小学校生活で一番楽しかったと思えるクラスをつくる」ということです。毎日笑いが絶えない、という楽しさはもちろん、「もっと一緒にいたいな」「クラスのみんなともっといろいろなことを学びたい」「先生なしでもやっていけるよね」そんな姿を目指しています。子どもたちが大人になり、社会に出た時、家庭や職場、自分たちの地域で「心地よさ」を創り出すことができるきっかけをしかけていく、ということを意識しています。

　そのために、「心に『熾(おき)』を残す」ということを意識して、日々、子

どもたちと接しています。焚き火の後を想像してください。灰の奥に残る、赤くなった炭。これが「熾」です。日々の教育活動を火だと考えてみます。薪がある限り燃え続けるけれど、いずれは灰になって消える。消えてしまえば、何も見えなくなってしまいます。

ですが、灰の奥に、風が吹けば、新たな火種となって燃え上がる「熾」が残っている。僕は、この「熾」を残すことで、子どもたちが将来、困難を乗り越えるエネルギーになるのではないかな、と思っています。

もちろん、幸せな時にも、「あの時感じた心地よさを、創れないかな？」と前に踏み出すエネルギーになる。子どもたちが、社会が、明るくなるきっかけを残していくことを、日々意識しています。

「体験」は記憶に残りやすい

そんな「熾」を残していくために、僕は「アイスブレイク」が有効だと考え、これまで学級の中に取り入れてきました。ある説によれば、見たり聞いたりしたことより、体験したことの方がより記憶に残ると言われています。教師の想いや、友達の想い。活動自体がもつパワーが合わさって、子どもたちの心に残っていく。本書でこれから紹介するアイスブレイクの短い時間の活動の中にも、「ぎゅっ」と本質が詰まっています。

ぜひ、子どもたちと一緒に、アイスブレイクのもつ力を体験してみてください。

> **Point!** 日々の教育活動は、子どもたちの未来につながっています。子どもの頃、「心地よさ」を体験しておくことが、将来へのエネルギーになり、アイスブレイクは、そのための最適な方法です！

Introduction 2　育てたい4つの力

アイスブレイクを通して、子どもたちの心に「熾」を残す。その中で育てていきたいのは、「4つの力」です。

アイスブレイクを通して育てたい4つの力

　子どもたちの心に「熾」を残す。心地いいクラスをつくっていく。そのために、アイスブレイクを取り入れています。そして、学校は子どもたちに「力」をつける場。子どもたちの中に眠っているさまざまな力を引き出すきっかけに、アイスブレイクがあります。
　僕は、「自己肯定感をもつ力」「夢邁進力」「楽しむ力」「人とつながる力」の4つの力を育てる意識で、アイスブレイクを取り入れています。

育てたい力① 「自己肯定感をもつ力」

　自己肯定感とは、「自分のことが好きだ」「どんな自分でも価値があるんだ」と思える感覚のことです。自分の「いい」と思える側面に価値を認める。それだけでなく、自分の「悪い」と思える部分にも価値を認め、全部をひっくるめて「自分が好きだ」と言える感覚のことです。
　自己肯定感が育っていると、新しいものごとに挑戦しようとする意欲がわき、前向きな人生を送れるようになります。

育てたい力② 「夢邁進力」

　「夢邁進力」とは、その名の通り、「夢に向かって進む力」のことです。「実現」することが目的ではなく、夢や目標を設定し、途中に起こる出来事を楽しんでいたら「夢が実現した！」、という「プロセス」を大事にしていく力です。
　夢は実現したら消えてしまうけれど、夢に向かって進むプロセスで得

た学びは、その後どんな場面でも役に立つ。そんなプロセスを、大事にしながら進む力のことです。

育てたい力③ 「楽しむ力」

「楽しむ力」とは、その名の通り、どんなことが起こっても「楽しい」を見つけ出す力のことです。楽しむことは前進するエネルギーにつながります。

「楽しい」という感情が味わえると、自然に続けたくなっていくもの。「成功したから楽しいんじゃなくて、楽しいから成功する」という流れを生み出す力です。

育てたい力④ 「人とつながる力」

人とつながる力とは、「どんな人ともお互いに心地いい人間関係をつくる力」のことです。初対面の人と仲よくなるだけでなく、ゆるやかにつながりをもつことができる。苦手な人とも無理に仲よくするのではなく、お互いに苦手な部分を認め合い、適度な協力関係がつくれる。そんな、対人関係に必要な力のことです。

子どもたちの中に眠っているさまざまな力の中でも、特に育てたいのが4つの力。この4つの力を引き出していくきっかけとして「アイスブレイク」が活用できます!

Introduction 3 「ファシリテーター」として関わる

子どもたちの力を引き出すために必要な教師のスタンス。「信じて、待つ」。子どもたちの力を信じましょう！

リーダーシップのとり方

　教師のみなさんは、普段、どのようなことに気をつけて子どもたちと関わっていますか。特に若い教師は、子どもをグイグイと引っ張る、先頭に立つ姿が、先輩の教師から求められているように感じます。それは、もちろん必要なことではあります。しかし、ずっと引っ張り続けるのもたいへんです。

　そもそも教師は、前に立って引っ張ってばかりでいいのでしょうか。教師が先頭に立ち、子どもたちのために道を示し、子どもたちは後からついてくるばかり……。結局、がんばるのは教師一人になり、ついてこられなくなった子は、次々と置いていかれる。こんなクラスで、先に紹介した4つの力を育てることができるのでしょうか。

　それよりも、子どもたちのそばに一緒に立ち、チャレンジを応援していきたい。教師が子どもたちの経験を大事にし、チャレンジしやすい場をつくる。そんな姿が必要になってくるのです。

「教える」よりも「引き出す」を大切に

　そこで僕が大事にしているのは、「ファシリテーター」としての関わりです。ファシリテーターの語源である「Facilitate」には「促す」「容易にする」という意味があります。ワークショップなどの学びの場において参加者主体の学びを促進する役割です。ただの進行役ではなく、力を「引き出す」ことが大事になってきます。

　学校では、教師は「教える」ことに重きが置かれています。時には教

えることが必要な場面もあり、大切な役割です。しかし、教師はすべてを「教える」必要があるのでしょうか。日常に目を向けると、成長する中で親から教わってきたこともあれば、呼吸の仕方や食べ物の噛み方など、自らで獲得してきたこともたくさんあります。

同じように、子どもたちも自分自身で気づき、力を開花させていく可能性をもっています。子どもたちの中にある力を引き出す。子どもたちのそばで支える。そんな関わり方が大切ではないでしょうか。

しかけて、待つ

「引き出す」からといって、何もしないわけではありません。教師がファシリテーターとしてできることは、子どもたちの力が引き出されるような場をつくることです。子どもたちがどうやったら力を発揮できるかを考え、そんな「しかけ」をつくることが教師の仕事だと考えています。

授業での発問や、これから紹介するアイスブレイクの活動もその1つです。座席の配置を変えてみたり、活動する場所を変えてみたり。子どもたちがどんな姿になってほしいのかをイメージしながら、いろいろなしかけをつくります。活動の最中には、じっくりと見守る。悩んでいる時には、気持ちに寄り添い、そっとヒントを渡す。

子どもたちの中には、「もっと成長したい！」という無限のエネルギーが隠れています。「成長したい！」というエネルギーが自然と外に出るよう、「しかけて、待つ！」という姿勢が大切なのです。

「教える」ばかりでなく、「引き出す」というスタンスが大切なのです。子どもたちの可能性を信じ、「しかけて、待つ！」です。

Introduction 4

「場」を整える

クラス全員が「参加できる」環境を整える。そうすることで、「みんなで」取り組んでいるという意識にもつながります。

「挙手での発言」にこだわらない

　授業を展開していく時、どうしても、教師からの発問に対して手を挙げて発言する子は特定の子どもたちだけ……という状況が生まれてきます。「全員が挙手をして発表してほしい」という願いは、もちろん僕ももっています。

　しかし、僕は「手を挙げて発言する」ことだけが授業に参加することではない、とも感じていました。実際に場面緘黙のようなかたちで固まってしまう子、特性上どうしても話をするのが難しい子……。いろいろな子がいます。だからみんなが参加できるチャンスをつくろう。そう考えて、「ミニホワイトボード」などを活用しています。

　学級会などで全員の意見を聞きたい時、ミニホワイトボードに書いてもらいます。書けたら周りの人と見せ合ったり、後ろにマグネットをつけて黒板に貼ったりすることで、そこから話し合いが進む。これは、あくまでもきっかけの１つですが、「全員が参加できる」ことは、満足度にもつながります。

枠組みを取り払うために

　「子どもたちが、自由に発想できるようにするにはどうしたら……？」という時に、図工の「造形遊び」を活用したアイスブレイクを行いました。テーマは、「筆を使わずに絵を描こう」（p.90〜91）。筆以外であれば何を使ってもいいから、好きに絵を描いてみようということで、１週間前に子どもたちに告知。例えば……ということで、僕からは「わり

ばし」「洗濯バサミ」「クリップ」などを紹介しました。この時点で、子どもたちの目がキラキラと輝いています。

　そして当日、ふたをあけてみると、「ミニカー」「スプレーボトル」「テープ」など、想像もしなかった材料がたくさん！　さらに、グループに１枚模造紙を渡し、空き教室で床一面を使って自由に絵を描きました。授業中はずっと歓声が上がりっぱなし。グループ活動にすることで、関わり合いが生まれ、さらに発想が広がっていきました。

　この活動は友人のセミナーからヒントをもらったものです。僕自身が、「図工はこうあらねば」という枠をはずして、考えることができました。「場」を整えれば、子どもたちが勝手に動き出す。そのために、いつも「どんな『場』にしようか？」を考えています。

机と椅子の使いどころ

　「『場』を整える」ということは、そんなに難しいことではありません。例えば、机を下げて黒板の前に半円状に集まる隊形と、机を黒板に向けて座っているのとでは、子どもたちの意識も変わってきます。また、机をコの字型にするのか、全員で円になって座るのか……。

　一番変わってくるのは、子どもたち同士、子どもと教師の距離感です。体の前に机がなくなるだけで、ぐっと開放的な気持ちになります。机と椅子は、かちっとした雰囲気をつくるにはもちろん絶好の道具です。ですから、「どんな雰囲気をつくりたいのか？」をイメージして、適切な距離感を探ってみてください。

クラスに「どんな雰囲気をつくりたいのか？」をイメージして場を整えましょう。隊形が変わるだけで、雰囲気が変わります。時にはこだわりを捨て、時にはとことんこだわって。

Introduction 5 日常に「笑える」しかけをつくる

学校は子どもたちにとって、1日の大半を過ごすかけがえのない場所です。そんな場所だからこそ、温かく、笑顔あふれる場所にしたいと思います。

あるキャンプでの出来事

　話は、僕の学生時代に遡ります。とある無人島でのキャンプに参加した時、「誰がどこにいるかできるだけ把握しておきたいから、みんなで声をかけ合おう」という話になりました。すると、あるスタッフが、「『トイレ行ってきます』って言うのはちょっぴり恥ずかしいから、男の子は『キジを撃ちに行ってきます』、女の子は『お花を摘みに行ってきます』と言うことにしよう！」と提案しました。
　「ええっ！？」と驚いたのは、もちろん僕だけではありません。しかし、そんな言い方もあるんだと違和感をもちつつ、ちょっぴり勇気を出して「キジを撃ちに行ってきます！」と言ってみるとなんだか楽しいのです。ふと見ると、周りの人たちも笑っていました。

子どもたちに大ブーム！

　そんな楽しい思い出があったので、クラスの子どもたちにも「キジを撃ちに行ってきます」「お花を摘みに行ってきます」と言ってもらうようにしました。
　すると、子どもたちは大爆笑。「(逆に) 恥ずかしいー！」なんて言っている子もいましたが、気がつくといつの間にか定着しています。「先生、キジを撃ちに行ってきます！」「お花を摘みに行ってきます！」とわざわざ言いにきてくれる子どもたちも出てきます。その顔は、みんな笑顔なんですね！　ひとしきり慣れてくると、次から次へと「キジを撃

ちに行ってきます！」「お花を摘みに行ってきます！」と言いにくる様子も見ていて楽しいです。

　特に授業中は、「トイレ行ってもいいですか？」と言い出しにくいけれど、「キジを撃ちに行っていいですか？」だと、クスッと授業が和むのです。「トイレに行く」というちょっぴり恥ずかしい日常の出来事が、笑顔を生むきっかけになる。言い方を工夫してみるだけで、笑顔の種が、また1つ増える「しかけ」です。

「プリントに名前がない！」そんな時には

　毎日のように出てくる宿題や授業中のプリントの「名前なし」。常習者がクラスに1人2人はいますよね。特に慌ててプリントに取り組んだ時は、名前なしが何人もいることも。ですが、返却の時に「名前がないぞ！」と怒るばかりでは、お互いにあまり気持ちよくありません。

　そこで、ある時から「名前なし」のプリントには、名前を食べちゃう妖怪、「ななっしー」を登場させるようにしました。妖怪ブームをヒントに、「妖怪のせいにしてしまおう！」と、オリジナル妖怪「ななっしー」を描くようにしたのです。子どもたちは「あ〜！　名前を食べられた〜」と言いながら、楽しそうにプリントを取りにきています。

　ちょっとだけ視点を変えることで、何気ない日常には笑顔の種があふれていきます。クラスに笑顔が増えることが、温かい場へとつながっていくなあと思いながら、今日も種を探しています。

> **Point!**　日常の「当たり前」の出来事から、少しだけ視点を変えてみましょう。ちょっとしたしかけで、教室に笑顔があふれ出します！

Introduction 6 モデルを見せる

「いい」と思われるところばかりを見せるのではなく、教師自身が積極的に子どもたちに自己開示し、「生き方」のモデルを見せていきましょう。

ありきたりな「教師の日常」を話す

　僕たち教師は、毎日の朝の会や、ちょっとした空き時間に、子どもたちにいろいろな話をする機会があります。その大半は、今後の予定を連絡したり、生徒指導上や生活安全上の注意事項を伝達することであると思います。それは、子どもたちの生活の安全を支援する仕事として、もちろん大切なことです。そして、そんな時にちょっとでも時間が余ったら、授業の話をしたり、少し早めに休み時間にしたり……ということもよくあることでしょう。

　そんな決まりきった時間の使い方がもったいないな、と感じています。なぜならそこは、クラスのルールとして許された、「先生が話をしていい」時間なのですから！　そんな時に、僕は結構、「休みの日にこんなところに出かけた」とか、「こんな本を読んだ」とか、自分自身についての話を子どもたちにしています。そういう話をしていると、子どもたちの目がキラキラ！　「なに、なに？　もっと聞かせて！」と食いついてきて、なかなか止められなくなってしまうほどです（笑）。

「自己開示する」というモデルを見せる

　こうした日常の話をするのは、「自己開示」をするモデルを見せたいためです。日頃から、「教師」はどうしても子どもたちにとって遠い存在になりがちだと感じることが多いため、まず教師自身が積極的に自己開示をして、子どもたちとの距離を縮めたいと思っています。時には、楽しい話ばかりでなく、「こんなしんどいことがあった」という話や、

ちょっぴり恥ずかしい失敗談なども話します。

そんなふうに、教師が積極的に「自己開示」のモデルを見せることで、子ども同士も自己開示がしやすく、お互いにいろいろなことが話しやすくなる環境ができたらいいな、と思っています。

「大人になるって楽しいんだ！」というメッセージを伝える

そしてもう1つ、教師として大切にしていることは、「大人になると、こんなことができるんだよ！」という「生き方」のモデルを見せること。アウトドアスポーツや旅行に出かけることを趣味にしている僕は、そんな話をしょっちゅう子どもたちにしています。ついつい勢いがついて、マニアックな話になってしまい、子どもたちを置きざりにしてしまうこともあるくらいなのですが、熱くなるくらい「大人になるって楽しいんだ！」ということが伝わってくれたらと強く願っていますし、未来に希望をもって生きてほしいと思っているのです。特に冬場は、毎週のように「週末にスキー場に行ってね、雪がキュッキュって鳴くのがたまんないんだよね〜」とか、「コブに突っ込んでさ〜」なんて話をしています。時に、保護者の方から、「先生が楽しそうに話しすぎるから、うちの子が『スキーに行きたい！』と言って聞かないんですよ〜！（笑）」なんて突っ込まれたこともありました。

ほんとうに、ちょっとしたことでいいのです。「〇〇カフェのコーヒーが好きで……」とか「こんなマンガ読んでてさ……」などと、ぜひ自分の日常を伝えてみてください。普段は見えない教師の"日常"に触れることが、子どもたちにもいい影響をあたえていると思います。

子どもたちに、積極的に「教師の日常」を伝えましょう。そして、「大人になるって、とっても楽しいんだ！」というメッセージをしっかり伝えていきましょう。

Introduction 7 「ほめる」ではなく「認める」言葉かけ

心がけていても、「ほめる」ことに難しさを感じる時があります。ポイントは、少し言い方を変えるだけ。子どもも、教師も、幸せになれます。

「ほめる」ことの功罪

　クラスの中で、なかなか落ち着かない子がいます。「どうしたものか」とベテラン教師に相談すると、「ほめてあげれば、落ち着くよ」と言われることがよくありました。確かに、子どもたちは（大人もそうですが）、「ほめられる」ことを求めていますし、喜びます。

　クラスでは、新しい計算ができるようになった、給食を残さず食べられたなど、「よくできたね！」「えらいね！」と声をかけたくなる場面が、日常的に至るところで起こります。ですが、ふと感じるのです。「子どもたちの言動は、『ほめられる』ためのものになっていないか？」と。「○○できてえらいね！」という言葉の裏には、「○○できなければ価値がない」というメッセージが潜んでいやしないかと。知らず知らずのうちに、ほめることで子どもたちをコントロールしているように思えるのです。

「認める」ことが安心感につながる

　とは言っても、子どもたちが成長していく姿を見ることほど、喜びを感じる瞬間はありません。そして、教師も人間だから「こうなってほしい！」という願いはあって当たり前です。子どもたちに、できるだけ誤解のないように自分の気持ちを伝えたいですよね。そんな時に、僕は、「ほめる」言葉ではなく、「認める」言葉を意識してかけるようにしています。

実際、子どもたちに伝える時に意識するのは2つです。1つは、具体的事実を伝えること。もう1つは、自分の本当の気持ちを伝えること。新しい計算ができるようになった子に、「（新しい）計算ができるようになったね【具体的事実】。（先生は）うれしいな！【気持ち】」と伝えます。そうすることで、その子の行動に価値がある、というメッセージが伝わり、「受けとめてもらった」という安心感につながります。子どもたちが成長した事実を、温かく見つめて、伝えていきましょう。

教師が自己開示をするコミュニケーション

　「認める」ことを心がけると、「教師」もずいぶんと気持ちが楽になります。「ほめるんだ、ほめるんだ……」と懸命にほめようとしている時に限って、叱りたくなるようなポイントばかりが目に入ることもあります。そうすると、「また叱ってしまった……」と罪悪感のループに入ってしまいます。

　「認める」には、目の前の事実を伝えることが大事です。そうすると、気持ちが楽になって、「○○できたね！」と声かけがしやすくなります。合わせて教師自身の気持ちも伝えることができるので、「評価する存在」としての教師から、「感情を共有してくれる存在」としての教師へと変わっていきます。つまり、「教師の気持ち」が子どもに伝わっていき、子どもたちにとってより身近な存在になっていくのです。

　うれしい、楽しい、悲しい……。教師が自分の感情をまっすぐに伝えることが、子どもたちとの距離を近づけていきます。

> **Point!** 「認める」とは、具体的な事実を伝えることです。教師自身も「自分の気持ち」を伝えることで、子どもたちとの距離が近づいていきます。

Introduction
8 「自分の好きなこと」でしかける

教師ががんばりすぎる必要はありません。自分の「できること」「好きなこと」をできる範囲で、少しずつ。積み重ねを大事にしましょう。

「よし、いろいろなことをやってみよう！」はいいけれど

　この本を読んで、「アイスブレイクって、こんなやり方があるんだ！」「こんなこともできるんだ！」と思い、実践してもらえるのはとてもうれしいことですし、光栄なことです。みなさんは、「この活動もやってみよう」「こんなことも取り入れてみよう」と、さらにいろいろなことを試してみたくなると思います。そんな時に、少しだけ、気に留めてほしいことがあります。それは、「今後も続けられそうか？」ということです。

　それぞれのクラスの状態に合わせて、効果がすぐに出てくることもありますし、なかなか目に見えてこないところもあると思います。そうすると、「活動」を取り入れることばかりに目が向いてしまいがちです。「○○はいい、△△はだめ、なら□□は……」と変えてばかりいては、子どもたちが置き去りになってしまいます。

　本来は、「こんなクラスにしたい！」「こんな子どもたちに育ってほしい！」という想いだったはず。子どもたちの様子に合わせて、1日1日を積み重ねることを大事にしてほしいと思います。

がんばりすぎない、無理をしすぎない

　決して「がんばりすぎない」でください。「無理しすぎない」でください。学校では、子どもたちと過ごす時間が大半です。そして放課後は、夜遅くまで授業準備や資料作成、生徒指導や保護者対応など、さまざま

な業務があります。もちろん、教師も一人の人間なので、体調がすぐれない時もあるでしょう。

　ですから、自分の心身が弱っている時に無理して取り組まなくてもいいと思います。誰から見ても明らかに体調が悪そうなのに、「さあ、今からこんな活動をしましょう！」なんて言われても、子どもたちは楽しめないですよね？　教師が無理をしている姿を見て、子どもたちに「大人になったら体調が悪くても休めないんだ」というメッセージが伝わってしまうかもしれません。そんな時は、無理をせず、できることをやっていきましょう。子どもたちに「がんばりすぎなくていいんだ」という姿勢を見せることも必要だと思います。

自分の「ワクワク」を大事にしよう

　とはいえ、「せっかくなので何かやってみたい！」と思う時は、教師自身が「ワクワクするかどうか」でアイスブレイクに取り組んでみてはいかがでしょうか。教師が楽しんでいる姿勢や気持ちは、子どもたちにもしっかりと伝わるもので、それに影響されて子どもたちの生き生きとした様子が見えてきます。

　「アイスブレイク」に限った話ではなく、「今度こんな話をしてみようかな」とか、「こんな授業をやってみようかな」と考える時でも、「ワクワク感」を大事にしてください。そうすることで、自分も楽しく、子どもたちも楽しい場が生まれていきます。決して無理したり、がんばったりすることなく、素敵な時間を増やしていきましょう！

Point!　「気持ちは大事！」ですが、子どもたちの様子を観察することも忘れずに。無理しすぎず、がんばりすぎず、自分の「ワクワク」を大事に、１日１日を積み重ねていきましょう。

Column 01　教師にとっての「会議室」は……？

　「ファシリテーション」という考え方に出会ったのは学生時代のこと。今も心の中で「師匠」と尊敬している青木将幸さんには、さまざまなことを教えてもらいました。青木さんはプロの「会議ファシリテーター（進行役）」として、各地でご活躍中です。

　学生時代に、時々、青木さんの講座のお手伝いをさせてもらいました。そんな中で一番印象的だったのは、「始まる前に会場の雑巾がけをする」ということでした。青木さんの著書でも紹介されていますが、「会議室の雑巾がけをすることで、会議がよくなる」と言われています。

　学生時代はピンとこなかったのですが、今はその意図がよくわかります。「もっとこの場をよくするにはどうしたらいいだろう？」と考えてきたからこそ、出てきた方法。この青木さんの考えを学校に当てはめた時、「教師にとっての『会議室』はどこなんだろう？」と考えました。

　僕が出した答えは、「教室」です。「そうだ！　教室の雑巾がけをしよう！！」と思って、少しずつ、取り組んでいます。毎日はできないですが、週末や、空いた時間を利用して、また、忙しい時は、月に1回は、と心がけて雑巾がけをする時間を確保するようにしています。

　雑巾がけをしながら、「今週もがんばってくれてありがとう！」と教室にお礼を言っています。そして、「来週もよろしくお願いします！」とお願いをしながら取り組んでいきます。「ここが汚れているな〜」とか、「あっ！　結構きれいだ〜」といろいろな発見もあって楽しいです。

　1人でやると、どうしても1時間弱はかかります。もちろん時間がかかるのはネックですが、時々実践してみると、おもしろい発見があるかもしれませんよ！

Chapter 1

「はじめまして」でもすぐに笑顔があふれるアイスブレイク

子どもたちのこんな様子、見かけませんか？

- ★ 前年同じクラスだった子としか話していない。
- ★ 居場所がなさそうにキョロキョロしている。
- ★ ひとりぼっちで、ポツンと孤立している。
- ★ 教師の話が伝わらず、動きがまとまらない。

アイスブレイクを行っていくと……

子どもたちのこんな姿が見られるようになります！

☆ 前年のクラスに関係なく、一緒に遊べるようになる。
☆ 「どこにいても安心！」という笑顔が見られる。
☆ ひとりぼっちでいても、気にかけてくれる友達がいる。
☆ 教師の話が伝わり、まとまって動き出せる。

Chapter 1

学級びらき！コチコチの子どもたちをどうほぐすか

出会いの場で、「このクラスなら楽しそう！」
というワクワク感を子どもたちがもてるように。

　４月、学級びらき。新しい先生や新しいクラスの友達との出会いの季節。「黄金の３日間」という言葉があるように、学級のスタートは、子どもと教師、子ども同士の関係を築いていく大事な時間です。そんな大事な時間だからこそ、「アイスブレイク」を使って、子どもたちとの関係、子ども同士の関係を丁寧に築いていきたいですね。

なんで「アイスブレイク」って言うの？

　そもそも、「アイスブレイク」って、いったいなんなのでしょうか？ 想像してみてください。はじめてのクラス、はじめての職場、はじめての集まり……。あの、シーンとした、なんとなく居心地のよくない雰囲気。思い思いに窓の外を眺めたり、しげしげと自分の手を観察する人がいたり……。そう、この雰囲気がまさに「アイス」なのです。

　はじめて会う人たちが集まった場で生まれる緊張感。この緊張感のことを「アイス」と呼んでいます。この緊張をほぐす＝ブレイクすることから、「アイスブレイク」と呼ばれています。また、広い意味で考えると、演芸場などの「前説」も場を温める「アイスブレイク」ですね。

　そんな時に、これから紹介する「アイスブレイク」の活動を取り入れていけば、短い時間で、多くの人たちの緊張をほぐすことができるのです。

　「よし、今からアイスブレイクするぞ！」という時に気をつけてほし

いことが1つ。それは、「今からアイスブレイクしますよ！」と言わないこと。「なんで言っちゃいけないの？」と思う人も多いと思いますが、子どもたちにとっては、「アイスブレイク」という言葉は意味不明な言葉なのです。ちなみに僕は、「少し遊ぼうか！」なんて言いながら「アイスブレイク」を行っています。ちょっとだけ、言い方を工夫してみてくださいね。

なんで「アイスブレイク」が必要なの？

では、なぜ「アイスブレイク」が必要なのでしょうか。人ははじめての集団で4つの懸念を抱くそうです。1つ目が、「受容懸念」と呼ばれ、「自分はこの集団に認められるのか？」「周りの人は何者なんだろう？」という懸念です。2つ目が、「データの流動懸念」。「他の人は何を感じているんだろう？」「こんなこと言っていいのかな？」というコミュニケーションに関する懸念です。3つ目は、「目標形成懸念」です。「今、何をやっているんだろう？」、あるいは「やらされている感じがする」というメンバー間の動機の差に関する懸念です。そして4つ目が、「社会的統制懸念」で、「誰かに頼りたい」「思った通りにできない」というメンバー同士の影響のあたえ方による懸念です。

心に懸念がある状態では、心地いい環境をつくることは難しくなります。だからこそ、アイスブレイクを行っていくことで、少しずつこの4つの懸念をなくしていくことが必要なんです。

Point！

子どもたちには「アイスブレイクをします！」とは言わないように！
アイスブレイクで心の奥にある「4つの懸念」をなくしていき、そして、心地いい学級づくりにつなげていきましょう。

Chapter 1

① 月とロケット
教師と子どもの関係を結ぶきっかけづくり！

対　　　象	低・中学年
人　　　数	何人でも
用意するもの	特になし

❗ ねらい

教師の動きに子どもを注目させるきっかけをつくり、教師と子どもの関係を築く

▶ 進め方

1. イントロダクション

「先生は最近、お月様を見るのが好きなんだよね～。みんなはどう？」と問いかけます。続けて、「いつか、ロケットで行ってみたいんだよね」と、子どもたちの興味を引きます。

そして、「ほら、ここに月があるでしょ？」と左手をグーにして、目の前に高く突き出します。

2. やり方の説明

子どもたちの笑いや反応が収まったら、「ここにロケットがあります」と言って、今度は右手の人差し指を立てて、顔の前に高く突き出します。「このロケットが、今からこの月の前を通ります。月の前を通る瞬間、みんなで息を合わせて、『パチン！』と拍手をしてください」と説明し、一度練習をします。左手の拳の前を、人差し指を立てたままの右手が通

過したら、子どもたちが「パチン！」と手をたたくという一連の流れです。「そうそう、その調子！」と子どもたちを励ましましょう。

3. いろいろアレンジを加えて

　子どもたちが慣れるまでは、教師が「せーの！」と合図を入れてサポートし、右手を動かします。往復で素早く動かしたり、三三七拍子で動かしたり、子どもたちが楽しめるよう工夫してみてください。

　慣れてきたと感じたら、「せーの！」と言って、右手を動かすフリをすると、「パチ！」「パチ！」とまばらに拍手が聞こえてきます。「よく見てたたくんだよ～」と笑い飛ばしながら、進めてください。

　子どもたちの笑顔が増えてきたところで、頃合いを見て、終わりにします。

👍 これでクラスがうまくいく！

僕自身は、結構このアイスブレイクが気に入っています。その時の気分次第で、いくらでも引っ張れますし、リズムパターンを変えれば、いくらでもアレンジが効くからです。ある程度で切り上げないと、延々と子どもたちにねだられるのでご注意ください（笑）。

Chapter 1

② 抵抗なく取り組めて笑顔があふれる！
じゃんけんチャンピオン

対　　象	全学年
人　　数	何人でも
用意するもの	目印用の椅子やコーンなど

❗ ねらい

身近な活動で、できるだけ多くの友達と関わるきっかけをつくる

▶ 進め方

1. イントロダクション

「今からみんなでじゃんけん大会をしたいと思います。ただのじゃんけん大会ではありません。クラスのいろいろな人とじゃんけんをして、"3回勝つ"じゃんけん大会です」と説明します。

これだけでは伝わりにくいので、見本を見せながらやるといいでしょう。

2. 終わった子どもたちに並び方を説明

子どもたちが理解できたら、「3回勝った人は、ここを中心にグルッと時計回りに円になって並んでいきましょう」と、続けて説明していきます。教師が目印となってもいいですし、椅子やコーンなどを置いて目印にしてもいいです。終わった子どもたちが迷うことのないよう、具体的に説明します。

あっという間に終わる子も出てくるので、早く終わった子ともじゃん

けんをしていい、ということも合わせて説明しておきましょう。

3.「勝てば終わり！」ではなく……

　始める前に「3連勝」ではなく、「3勝」だということを強調しておきましょう。ある程度（3分の2くらい）並んだところで、一度終わりにします。

　「じゃあ次は、3回負けた人から並んでみよう！」とルールを変えて再度取り組みます。この前に、「今、負けちゃってた人も、チャンスがあるよ！」と伝えておきましょう。

　3回負けが終わったら、「3回あいこ」バージョンも。様子を見ながら、取り組んでみてください。

👍 これでクラスがうまくいく！

「じゃんけん」を使ったアイスブレイクは、子どもたちにも抵抗がなく、取り組みやすいです。終わった後に、「後ろの方に並んでいる人は、それだけ多くの人とじゃんけんしたんだよね！」とフォローを入れてあげると、後ろの方の子たちにもスポットが当たります。

Chapter 1

❸ 「わからない」ことも楽しめる！
ウイークデー・サークル

対　　象	低・中学年
人　　数	10人～何人でも
用意するもの	特になし（全員が円になれるスペース）

❗ ねらい

たくさんの友達と自己紹介をすることで、クラスみんなの顔と名前を覚えるきっかけをつくる

▶ 進め方

1. イントロダクション

「新しいクラスになって、みんなの顔と名前は覚えたかな？　たくさんの友達の名前を覚えて、もっと楽しいクラスにしよう！」と声をかけていきます。

まずは、クラス全員で1つの円をつくります。並び方は特に指定はしません。

2. 並び方を変えて、隣の人と自己紹介

最初は教師も円に入ります。「円ができたら、両隣の人と自己紹介をしましょう。お互いに顔を見合って、『○○です！　よろしくね！』と言って握手をします」と、見本を見せながら行います。

自己紹介が終わったタイミングで、「今の人たちは、"月曜日"に遊ぶ友達です。今度は"火曜日"の円を新しくつくって、違う友達と遊びま

しょう」と声をかけ、並びかえをしていきます。

　火曜日が終わったら、水曜日、木曜日……と続けていきます。

3. ここからが本番！　誰と一緒だった？

　ある程度並びかえたところで、「ところで、"月曜日"は誰と一緒に遊ぶんだったっけ？　"月曜日"の円をつくってみよう！」と声をかけます。はじめは楽々戻れても、"火曜日""水曜日"と戻していくと「わからないー！」とか、「○○さん、ここだよ！」という声も聞こえ始めます。

　思い出せない子どもたちが他の子に聞きやすいよう、教師が「わからないよー！　教えてー！」と大げさに子どもたちに聞いていくと、質問しやすい雰囲気をつくることができます。

👍 これでクラスがうまくいく！

学年に応じて、並びかえの回数を調整するといいでしょう。「土日は学校お休みだからなし！」や、曜日にこだわらず、「遊園地」「レストラン」なんて目的地別の円にしても盛り上がります。最初につくった円に戻っても、「自己紹介」と「握手」を忘れずに！

Chapter 1

❹ 少しずつ心の距離が近づく！
キャッチ

対　　象	全学年
人　　数	何人でも
用意するもの	特になし（全員が円になれるスペース）

❗ ねらい

「少し触れる」「笑い飛ばす」の体験を通して、子どもたち同士の心の距離を縮める

▶ 進め方

1. イントロダクション

　全員で円をつくり、内側を向きます。隣同士の肩と肩とが触れ合うくらいの距離が丁度いいです。
　円ができたら、左手のひらを上に向けて広げます。指は軽く閉じておくようにします。右手は、人差し指を立てて下に向け、左隣の人の手のひらの上に置くようにします。これで準備完了です。

2. 合図で指のおにごっこ！

　「これから、先生の合図で『指のおにごっこ』をします。先生が合図を出したら、右手は上に逃げます。左手は、右手が逃げられないように、合図と同時に捕まえてください」と説明をします。この時に、実際にどんなふうにやるのか、見本を見せると子どもたちに伝わりやすくなります。

左手は、隣の人がケガをしないようにやさしくつかむこと、爪を立てないことに注意するよう声をかけておきましょう。

3. やってみると……難しい！　だから、おもしろい！

　「合図は、『キャッチ！』です」と説明し、実際に活動に取り組んでいきます。最初は「キャ……キャ……キャッチ！」と子どもたちが準備できるように言うといいでしょう。逃げた子も、捕まえた子も、どちらも達成感があり、盛り上がります。

　慣れてきたら、「キャ……キャ……キャロット！」「キャベツ！」など、違う言葉も織り交ぜていくとおもしろさが増してきます。

👍 これでクラスがうまくいく！

慣れてきたら、「キャッチ！」の合図は誰が言ってもいいことにしたり、左右の手を入れかえたりしてみてください。ずっと教師が号令をかけ続けて、「先生、ずる〜い！」と子どもたちが言ってくれたら、しめたもの！それだけ距離が縮まったということですからね。

Chapter 1

❺ クラスみんなで笑顔をつくり出す！
ハート・ビート

対　　象	全学年
人　　数	2人〜何人でも
用意するもの	特になし

❗ ねらい

　楽しみながら協力し合う体験を通して、関係づくりのきっかけをつくる

▶ 進め方

1. イントロダクション

　「このクラスを、これからもっともっと楽しいクラスにするにはどうしたらいいと思う？」と問いかけます。子どもたちの答えを聞きつつ、「先生は、みんなで楽しむと、もっと楽しくなると思うんだ。これから、みんなで体験してみよう！」と話をしていきます。

2. 見本を見せて、説明を

　隣の人とペアになり、向かい合います。「胸の前で手を1回『パチン！』とたたき、次にペアの友達と両手を1回『トン！』と合わせます」と見本を見せながら説明します。「もう一度胸の前で『パチン！』と手をたたいて、今度はペアの友達と『トン！　トン！』と2回。次は、『パチン！』『トン！　トン！　トン！』と3回……」と5回まで。今度は「トン！　トン！」を5、4、3、2、1と減らしていきます。

「1回まで終わったら、2人で『イェ〜〜〜イ！！』と盛り上がろう！」と終わり方まで見本を見せてください。

3. 工夫次第で、もっと楽しく！

子どもたちにルールが伝わったら、「これをできるだけ速くやってね！競争するよ！」と声をかけ、練習する時間を少しとります。「上手だね！」などと声をかけて回りましょう。ある程度できるようになったら、全体で一斉にやってみます。「○○さんと△△さんのペアがチャンピオ〜ン！！」と盛り上げつつ、ペアを入れかえたり、4人組、8人組……と人数を増やしたりしても楽しめます。人数が増えてきたら、「トン！トン！」を隣の人とやるようにするとうまくできるようになります。

盛り上がると、これだけで1時間の授業が終わってしまうので要注意です！（笑）

👍 これでクラスがうまくいく！

あくまでも「楽しく協力する」ことを体験してもらうのがポイントなので、競争心をあおりすぎないように気をつけてください。教師も一緒になって盛り上がれる、楽しい活動です。

Column02 まずは「自分の」アイスブレイクから

　学級びらきは毎年緊張します。僕は講師の立場で勤めていた期間も長かったので、「着任式でどんなあいさつをしようか？」ということを毎年のように考えていました。学校によっては、「手短にお願いします」と言われることもあって、「短時間でどれくらい子どもたちのハートをつかめるか？」を常に考えていました。

　着任式のあいさつと言えど、大きく見れば、立派なアイスブレイクのチャンスです。全校300人、400人を前にしてのあいさつは、いつになっても緊張します。そんな時に、「いかに自分で自分のアイスブレイクをするか」ということが肝心だな、と思うのです。

　「緊張する」というのは、そもそも「ここで失敗したらどうしよう？」という自分で自分にプレッシャーをかけている状態なんですね。失敗もOK！「成功」かどうかは、自分しかわかりませんから。

　しかし、「できることはやっておきたい！　盛り上げたい！」という想いがあるのもよくわかります。事前に（できれば前日あたりに）体育館に行って、イメージトレーニングをしてみたり、進行役になる教務主任の先生や教頭先生に相談してみたり。最初はちょっと恥ずかしいですが、早いうちに「あっ、この先生、こんなこともできるんだ」と職場の先生方に理解してもらうのも大事だと思います。話題にしやすくなり、溶け込みやすくなるというのもあるのではないでしょうか。

　自分の得意なことを子どもたちにアピールしていくことで、自分が実力を出しやすい状態で接することができます。僕は、今は関東に住んでいますが、生まれが九州なので方言を全開にしてあいさつをしてみたり、ギターで1曲歌ってみたり……。自分のすぐできることだと、とても取り組みやすいですよね。教師自身がリラックスしていることが、子どもたちと心地いい関係を築く第一歩になると思います。

　ぜひ、自分の「得意」をアピールしてください！

子どもに「自己肯定感をもつ力」を芽生えさせるアイスブレイク

子どもたちのこんな様子、見かけませんか？

★ 何に取り組んでも、「どうせできないし〜」と言ってしまう。
★ ちょっと失敗しただけで、すぐにあきらめてしまう。
★ いつも友達や教師の目を気にしているのに、うまくやれない。
★ どこか自信なさそうにしている。

子どもたちのこんな姿が見られるようになります！

アイスブレイクを行っていくと……

☆ 新しいことにも「やってみる！」と挑戦する。
☆ 少しぐらい失敗しても「全然平気だよ！」「再挑戦」と言える。
☆ のびのびと過ごしながら、周りともうまくやれる。
☆ 自信に満ちた顔つきになる。

Chapter 2

子どもに「自己肯定感をもつ力」を！

クラス全体のまとまりは大切。そのために、一人ひとりが
「自分のことを信じられる」ことが土台になっていきます。

一人ひとりの心の奥に「温かい信頼」を

　「よし！　まとまりのあるクラスにしていこう！」と思っても、教師一人だけががんばってできることではありません。クラスの主役は子どもたち。その子どもたちと、力を合わせてクラスづくりをしていくことが大切です。そんな時に、子どもたちの心の奥は、どうなっているでしょう？　「よし！　新しいことにチャレンジしてみよう！」と思えるエネルギーはわいていますか？　それとも「どうせ何やっても無駄だよ……」という思いが多くありませんか？

　子どもたちの心に「何やっても無駄だよ……」という思いが強くあれば、あの手この手を使っても、砂上の楼閣のように不安定で、すぐに崩れてしまいます。クラスの土台となっているのは、子どもたちの一人ひとりです。子どもたちの心の奥に、「よし！　チャレンジしよう！」「僕はここにいてもいいんだ」と思える温かい信頼、「自己肯定感」が芽生えることで、クラスの土台が確かなものになっていきます。

承認し合える環境を大切に

　子どもたち一人ひとりに「自己肯定感」を育んでいくには、「他者からの承認」と「小さな成功体験の積み重ね」が必要です。自分がどんなに「うまくいった！」と思っていても、周りから批判的な言葉や、否定的な言動ばかり浴びたらどんな気持ちになるでしょうか。子どもたちの心は敏感です。そんな冷たい言動の積み重ねが、「どうせ……」という

気持ちを大きくしてしまうのです。

　新しいことに挑戦し、失敗しても「がんばったね！」「すごいじゃん！」と言い合える。そんな言葉をたくさんもらうと、「やってみようかな」という気持ちがわいてきます。格好悪くてもいい。お互いに認め合える環境を整えることで、子どもたちの心に自分への信頼、「自己肯定感」が芽生えていきます。

小さな成功体験の積み重ねで高まっていく

　そして、もう１つ大切なことは、「小さな成功体験の積み重ね」です。僕たちは、成長過程の中では、「お箸を使えるようになった」「ボタンを一人で留められるようになった」……など、小さな成功体験を積み重ねて大きくなってきました。成功体験は、また新しい挑戦へのエネルギー源になっていきます。

　「成功体験」は、自分で目標を設定して越えていくことでも経験できます。ですが、仲間と一緒に成功体験を経験すると、喜びの感覚が２倍にも３倍にも大きく膨らみ、より大きなエネルギーになってくるのです。

　同じ体験を共有することで、一人ひとりの「自己肯定感」が高まっていくだけでなく、仲間同士の信頼関係も深まっていく。少しずつ成功体験を積み重ねることで、クラスとしての絆も深まっていくのです。

Point！

クラスの土台になるのは、子どもたち一人ひとりの「自己肯定感」。「承認し合える環境」をつくり、「小さな成功体験」を積み重ねていくことが必要です！

Chapter 2

① まずは自分の「よさ」に気づこう！
ほめほめじゃんけん

対　　象	全学年
人　　数	何人でも
用意するもの	ほめ言葉リスト

❗ ねらい

友達同士でいいところを伝え合って、自分のよさに気づくきっかけをつくる

▶ 進め方

1. イントロダクション

「今から、みんなでじゃんけん大会をしたいと思います」と言って子どもたちの興味を引きます。「だけど、ただのじゃんけんではありません。2人組でじゃんけんをして、負けた人は勝った人のことをほめる、"ほめほめじゃんけん"をやります」と伝えます。

2. ルール説明

この時に、「みんなは、どんなほめ言葉を知ってる？」と聞いてみます。なかなか出てこなければ、教師から少し例を出します（「いつも勉強がんばってるよね」「そうじを丁寧にやってるね」など）。

そのままでは、男子同士、女子同士になりがちなので、「今から3人の人とじゃんけんをしてください。その時に、必ず異性の人が1人は入るようにしてください」と説明をして、子どもたちが異性ともコミュニ

ケーションを図る機会がとれるようにするのもいいでしょう。

3. さあ、みんなでほめ合おう！

　始める前に、「ほめられた人は、相手を見て笑顔で『ありがとう』と言おう！」ということを伝えておきます。実際にじゃんけんを始めると、はじめのうちはなかなか照れて言い出せない子も出てきます。そんな時は、「○○をがんばってるよね〜」とか、教師が助け船を出してあげましょう。

　最初のうちは教師も積極的に参加し、どんなふうにやればいいのか、という見本を見せていきましょう。

👍 これでクラスがうまくいく！

いざ、始めたけれど「なんて言っていいかわからない！」という子のために、黒板にいくつか、ほめ言葉の例を書いておくといいでしょう。「黒板を見てもいいからね」と声をかけておけば、子どもたちはそれをヒントにしてほめ言葉をかけ合っていきます。

Chapter 2

② ほめほめタイム
自分の「がんばり」を認められるとうれしい！

対　　象	全学年
人　　数	2～4人（グループ活動）
用意するもの	クラス名簿、ほめ言葉リスト

ねらい

「友達のがんばり」を見つけ、伝え合う体験を通して、認め合う環境をつくる

進め方

1. イントロダクション

「みんなは、友達の『いいところ』知ってる？　毎日、みんなは勉強や当番、もちろん遊びもがんばってるよね。みんなの『いいところ』を、みんなで発見し合えるクラスって、素敵だと思わないかな？」と子どもたちに投げかけます。

2. 朝と帰りに、ちょっとだけ時間を

「ほめほめじゃんけんで『いいところ』を伝え合うことって素敵だよね！　だけど、毎日の『1人ひとりのがんばり』もぜひ発見して、伝えてあげよう！」と話をしていきます。「朝の会にペアを決めるから、今日1日ペアの人のことを気にかけてあげてね。そして、その人の『がんばっていたところ』や『いいところ』を見つけて、帰りの会にお互いに伝え合おう！」と活動を説明します。

クラスの人数にもよりますが、2～4人組で活動をしていきます。

3.「事実」と「感謝」を伝えるだけでもOK！

例えば、朝の会でペアを決め、帰りの会で2～3分時間をとって、「1日のがんばり」や「いいところ」をペア同士で伝え合うようにします。何を伝えていいかわからない子には、「『そうじをやってくれてありがとう！』など、事実と感謝を伝えるだけでもOKです」とアドバイスしてあげます。昼間はすっかり忘れている子たちも多いので、「ペアの人のいいところ、見つけた？」と時々教師が声をかけるといいでしょう。

1日に1ペア。名簿を配り、最終的に全員とペアになれるように声をかけていきます。全員とペアを経験したら、その後は、2回目、3回目……とチャレンジしてみてください。

👍 これでクラスがうまくいく！

「ほめほめじゃんけん」(p.50～51)の応用編です。朝と帰りが難しいようであれば、「○時間目に発見しよう」など、時間を限定してみるといいでしょう。学年や学級の様子に合わせて取り組んでください。ほめ言葉の例も、名簿と合わせて配っておけば安心です。

Chapter 2

③ 小さな成功体験の積み重ねを！
ラインナップ

対　　象	全学年
人　　数	何人でも
用意するもの	目印用の椅子やコーンなど

❗ ねらい

簡単な課題をクリアすることで達成感を共有し、自信につなげる

▶ 進め方

1. イントロダクション

「これから、お互いのことをよく知るための活動をやっていきます」と説明します。少し広めのスペースに、全員で1つの円をつくっていきます。

教師も円に一緒に入ります。男女別々に固まっていたり、仲よしグループで集まっていても OK です。

2. まずは簡単なお題から

円ができたところで説明を続けます。「これから、先生が出すお題に合わせてみんなの順番を並びかえてもらいます。先生がいるところを基準にして、時計回りに順番に並びかえをしてください」と伝えたところで、質問などがあれば受けるようにします。

「最初のお題は、誕生日順です。先生の左側が4月2日で、ぐるっと回って右側が4月1日となるように順番に並びかえましょう」と声をか

けて、並びかえを始めます。

3. お題ややり方を一工夫！

並びかえが終わったら「確認しようか！」と声をかけて、４月２日の子から順番に「４月２日」「４月17日」……と自分の誕生日を言ってもらいます。順番通りであれば、全員で拍手して盛り上がりましょう。間違ってしまった子がいても「大丈夫！」と声をかけて、すぐに並びかわってもらえばOKです。

すぐにできたら、「下の名前のあいうえお順」や「朝起きた時間の早い順」など、お題を工夫してみましょう。さらに、「しゃべってはいけない」などやり方を難しくすると、チャレンジレベルがアップし、盛り上がります！

👍 これでクラスがうまくいく！

教師も一緒に入って楽しめます。その場合は椅子やコーンなどを置いて、円をつくる基準点を示しておきましょう。ちょっとずつお題を難しくしていくことで、クラス全員の達成感も高まります。間違いがあっても、温かく受けとめる雰囲気づくりを心がけてください。

Chapter 2

④ うれし、はずかし、魔法の言葉
深い部分で認め合う関係への第一歩！

対　　象	全学年
人　　数	2～4人（グループ活動）
用意するもの	紙、ペン

❗ ねらい

言われてうれしいほめ言葉をかけ合う体験を通して、クラスみんなが認め合える環境をつくる

▶ 進め方

1. イントロダクション

「みんなは、どんなことを言われたらうれしい気持ちになる？」と問いかけます。「こんなことを言われたらどう？」と、いくつか例を出して話してみるといいでしょう。

「みんながどんなことを言われたいか知りたいから、紙に書いてほしいんだ」と言って、紙を配ります。

2. 個人ワーク

「配られた紙に『自分が言われてうれしい言葉』を書き出してください。大きく、はっきりと書いてくださいね」と声をかけ、まずは1人で紙に書き出させます。書きやすいように、先に、紙に10個程度マスを作っておくといいです。「宿題毎日出せてえらいね」「サッカーがんばってるね」「休まずに学校に来られてすごいね」など、例を出すとさらに

書きやすくなります。

どんなことを書いても OK。遠慮することなく好きなことが書けるよう、いろいろな例を紹介していきましょう。

3．友達と伝え合おう！

ある程度書き終わったら、ペアをつくり、ペア同士で紙を交換して、書かれている言葉を伝え合います。「え〜！？」という声が上がりますが、「言われたい言葉なんだよね？（笑）」とうまくかわして、話を進めていきましょう。この時に、さらにプラス1個、書かれていないけれど、相手の「いいところ」を書き足します。

ただ読むだけでなく、「気持ちを込めて伝える」こと、言われた時は「ありがとう！」と気持ちよく受け取ることを約束し、順番に伝え合うようにします。終わったら、拍手で感謝を伝え合うようにしましょう。

👍 これでクラスがうまくいく！

時間をあけて、ペアを変えて何回も取り組んでみるとおもしろいです。また、この活動をヒントに「ほめほめじゃんけん」（p.50〜51）を、ほめ言葉の代わりに「言われてうれしい言葉」を言い合うようにアレンジしても楽しいです。教師も一緒に入ると、盛り上がります！

Chapter 2

⑤ 「人の役に立つ」ことが自信につながる！
ブラインド・ウォーク

対　　象	4年生以上〜
人　　数	2人（グループ活動）
用意するもの	バンダナなど目隠しできるもの （ハンカチなどで代用も可）

❗ ねらい

自分が「役に立っている」感覚を体験を通して、自信につなげる

▶ 進め方

1. イントロダクション

「みんなは、何も見えない真っ暗闇の中を歩いたことある？　今日は、普段歩きなれている学校の中を、目隠しをして歩いてもらおうと思います」と子どもたちに投げかけます。

2. 集中して取り組めるように！

「ただ、1人で目隠しをして歩くと危ないので、ペアで歩いてもらいます。1人は目隠しをして、もう1人はそばでサポートをしてください」と伝え、子どもたちがざわつくようであれば、声のトーンを落とし、間をとってゆっくり注意点を説明します。

「サポートの人はいるけれど、この活動は危険なので真剣に取り組もう。楽しむことはもちろん大事だけど、全員がケガなく安全に取り組めることがもっと大事だからね」と集中できるよう投げかけます。

3. サポート役にスポットを当てる

　ペアができたら役割を決め、コースを説明します。はじめは5〜10メートルくらい歩いて戻ってくるようなコースにするといいでしょう。戻ってきたら役割を交替して歩きます。

　2人とも終わったら感想を伝え合います。その時に、「サポートしてる時、どんなこと考えてた？」だけではなく、「サポートされてる時、どんな気持ちだった？」とサポート役にスポットを当てるようにします。それぞれのペアで話ができたら、全体で感想を共有し、最後にペア同士で感謝を伝え合って活動を終了します。

👍 これでクラスがうまくいく！

あまりにもふざけるようであれば、一度活動を止め、全体で「どんなふうに取り組むのか」を考えるようにしましょう。1回目の子と2回目の子でコースを変えると、さらにおもしろくなります。途中に障害物や階段を入れると、ますます盛り上がります。

Column03　少しだけ、「わがまま」になってみる

　子どもの「自己肯定感」を育てる、ということの重要性はいろいろなところで言われています。しかし、日々子どもと関わっている僕たち「教師」はどこか置き去りにされていないかな、という印象ももっています。

　教師だって、「教師」である前に、一人の「人間」です。毎日の授業準備、生徒指導に保護者対応、さらには休日も部活の指導……などということばかりだと、教師自身がまいってしまいます。自分のこともままならないのに、ゆとりをもって子どもたちに関わる、なんてことは難しいですよね。

　僕自身、以前会社勤めをしていた時に、心療内科に通っていたこともありました。ストレスがきっかけとなり、食べ物の味もわからなくなる。その時がまさに、休みもなく根詰めていた時だったのです。今は多少クヨクヨすることはあっても、自分なりに消化する方法を見つけて、元気にやることができています。

　学生時代から続けているスキューバダイビングなどアウトドアスポーツをしに出かけることもあれば、１人でギターをかき鳴らすことも。学校以外のつながりも意識的につくり、定期的に開かれる外部の勉強会にも顔を出すようにしています。学校関係以外のつながりって、ほんとうにありがたい。意識的な「息抜き」も大切です。

　ある学校の校長先生は、「すべてを子どもたちのために、じゃなく、すべては子どもたちのために、なんだ」とおっしゃっていました。そうやってリフレッシュする何の関係もなさそうな時間も、子どもたちのために大事なんだよ……と。

　子どもの前に、まず「自分」。少しだけ、わがままになってみませんか？

Chapter 3

子どもの「夢邁進力」を引き出すアイスブレイク

子どもたちのこんな様子、見かけませんか？

- ★ 「将来の夢なんてないよ」と投げやりになっている。
- ★ 「夢はあるけど……かなうわけないよ」とあきらめている。
- ★ 「やりたいことなんてない！」と決めつけている。
- ★ 「大人になんてなりたくないし……」と将来を悲観している。

子どもたちのこんな姿が見られるようになります！

アイスブレイクを行っていくと……

☆「夢はないけど、そのうち見つかるよ！」と目を輝かせている。
☆「なんかわからないけど、かなう気がする！」と元気に言える。
☆「こんなこと、やってみたいな！」と思える。
☆「大人になるって楽しそう！」という気持ちが芽生えてくる。

Chapter 3

夢に向かって進む
「夢邁進力」

「夢の実現」はあくまでも結果です。結果にばかりとらわれすぎず、途中のプロセスを楽しめる、夢に向かう「邁進力」を育てましょう。

夢に向かって「邁進」することで「実現」する

　「夢を実現しよう！」と思って行動を起こすエネルギーは、それ自体がすごいものです。しかし、その夢に向かって起こしていく行動は、「夢を実現するためには、まず○○があって、△△になって……」と、今の自分が描く道筋にすぎません。「夢」という山の頂上を目指す道はたくさんあるのに、一本の道しか見えなくなるのはもったいない、と思うのです。結局、「選んだ道はとてつもない絶壁だったのであきらめました」でいいのでしょうか。

　断崖絶壁を死力を尽くして乗り越えることもいいですが、横に見える草原の道を歩いても頂上には辿りつく。そして、自分にゆとりがもてるところを歩けば、途中のプロセスも楽しめて、気がつけば夢が実現している。夢がかなうことはもちろんうれしいことですが、学びや成長は、プロセスの中でこそ起こっています。プロセスを楽しみ、大事にすることで、夢は知らない間に実現していくのです。

プロセスを楽しむと、予想外のことが起こる

　ここで少し、僕の経験も踏まえてプロセスを楽しむことのよさをお伝えしたいと思います。

　以前、四国遍路を歩き通すという通し打ちをしました。10キロの荷物を背負って、四国一周1300キロを55日かけて歩いたのです。しんどいこともありましたが、最後の八十八番札所に着いた時は、「あれ、

いろいろあったけど、着いちゃった！」という気持ちがわいてきました。土地の名物を食べたり、突然、地元の方に呼びとめられて、小一時間話を聞いたり……。予想外のことが、たくさん起こりました。

ただ単に「八十八ヶ所を歩き通す！」という夢だけを追いかけていたら、きっと淡々と歩くだけで終わってしまったことでしょう。「四国を一周する」という夢をもちながらも、プロセスを楽しんだことがかけがえのない経験となり、今に活きていると感じています。

その気になること、意味づけを変えること

夢に向かって進む「夢邁進力」を育てていくには、「その気になる」ことと、「意味づけを変える」ことが大切です。

その気になる、ということは、「夢がかなった状態をイメージする」こと。将来はどこに住んでいる、どんな言動をしているなど、その気になってふるまうと、自分の意識だけでなく周りの人の見る目が変わり、夢に向かった行動をとりやすくなります。身近に手本となる人がいれば、なおさらその気になることができます。

そして、「意味づけを変える」ことは、見方を変えることにつながっています。目の前に起こる出来事に対して、「これも夢へのプロセスだ！」「後からいい経験になるぞ！」と見方を変えることで、続けていく意欲がわいてきます。予想外にしんどいことが起こることもありますが、出来事の意味が変わることでプロセスが楽しいものとなり、結果的に夢がかなっていくのです。

 Point！

夢に向かうプロセスを楽しめば、知らない間に夢がかなっています。夢がかなった状態をイメージし、目の前の出来事の意味づけを変えることで、夢に一歩一歩近づいていくことを子どもたちに伝えていきましょう。

Chapter 3

1 自分の中の「制限」をはずしていこう！
無限に夢を描こう

対　　象	中・高学年
人　　数	何人でも
用意するもの	紙（ワークシート）

❗ ねらい

柔軟な発想で夢を思い描き、未来の自分への希望を高める

▶ 進め方

1．イントロダクション

「みんなには、どんな夢がありますか？」と子どもたちに語りかけましょう。様子によっては、教師がまず、自分の小さい頃の夢や、今現在の夢についても話をするといいでしょう。

「これから、自分の将来の夢について考えてみましょう！」と話をしていきます。

2．「夢」の解釈を広げる

「将来の夢」の話をすると、「オレ、夢なんてないし……」という子も出てきます。そんな時は、「『○○になりたい』とか『△△の仕事がしたい』……みたいなものでなくても大丈夫。こんな生活がしたい、こんなところに行きたい、というのも立派な夢なんだよ」と声をかけ、考えるハードルを少し下げていきましょう。

そして、子どもたちに紙を配り、「ここに今からたくさん夢を書き出

してください。目標は100個です！」と声をかけ、始めます。

3．教師も一緒に、書いてみる！

　子どもたちの様子を見守りつつ、教師も一緒になって夢を書き出してみましょう。目安の時間として、「今から〇時までチャレンジしようか！」と声をかけておくことで、子どもたちも取り組みやすくなります。

　時々、教師から「今20個書けたよ〜」などと声をかけていくことで、子どもたちのやる気もアップしていきます。

　子どもによって進み方はさまざまです。手が止まっている子には「こんなのは？」「〇〇なんかも夢かもね」などとヒントを出して、発想をどんどん広げていきましょう。100個書き出すって、案外難しいですよ！

👍 これでクラスがうまくいく！

数を競い合うことが目的ではないので、多い少ないに関係なく、終わったら認め合うようにしましょう。アレンジとして、ある程度書けたところで見せ合いながら発想を広げていく、ということもできます。簡単そうで難しいですが、楽しんでください！

Chapter 3

② 新聞紙から考えよう
頭をやわらかく、発想を広げて！

対　　象	全学年
人　　数	4～6人（グループ活動）
用意するもの	新聞紙（1人1枚程度）

❗ ねらい

発想を柔軟にすることで、イメージやアイデアの可能性を広げる

▶ 進め方

1. イントロダクション

　新聞紙を実際に見せながら説明します。「ここに新聞紙があります。新聞紙ってどんなことに使ってる？」と投げかけます。「ニュースを読む！」「テレビ欄を見る！」「習字の作品入れ！」など、子どもたちの答えをいくつか板書していきます。

2. まずは1人で考えさせてみる！

　「新聞紙は普段からいろいろなことに使ってるよね。だけど、それ以外にも使うことができないかな？」と問いかけます。「暑い時にうちわ代わりにも使えるよね～」「寒い時に体にかければ、毛布代わりにも使えるよね」などと、実際にいくつか例を見せます。
　そして、「では、今から新聞紙の新しい使い方をみんなで考えよう！」と伝え、「まずは1人で、3分間で20個考えてみよう！」と時間と個数の目標を提示して始めていきます。

3. 発想をどんどん広げさせよう！

　設定時間がきたら、「いくつ見つかった？」と問いかけ、何人かに発表してもらいます。「では、お隣（近く）の人と、相談しながらもっとたくさん使い方を考えよう！　目標は３分間で50個です！」と説明します。「アイデア同士をくっつけたり、かぶせてみるのももちろんOK！　『そんなの無理だよ〜』と言わずに、『それ、いいね！』で考えていくようにしましょう」と、グループで取り組む時のルールを伝えることも忘れずに。

　時間がきたら、どんなアイデアが出たかを発表し合います。「１人の時とどう変わったのか？」を考えてみても盛り上がります。

👍 これでクラスがうまくいく！

「○分で○個」にこだわりすぎないでください！　達成する必要はまったくありません。子どもたちの発達段階やクラスの様子に応じて、時間と個数を調整してください。「ちょっと難しいかな？」ぐらいに設定すると、子どもたちは燃えますよ！

Chapter 3

夢がかなった自分を体感しよう！
③ なりきり自己紹介

対　　象	全学年
人　　数	2～4人（グループ活動）
用意するもの	特になし

❗ ねらい

五感で夢がかなった状態を感じることで、夢に近づくワクワク感を体験する

▶ 進め方

1. イントロダクション

「みんなには、『将来こうなりたいな』という夢がありますか？　夢を実現するためには、あたかも『夢がかなったかのようにふるまう』ことが大事です。今日は、みんなでそんな時間をとりましょう」と声をかけ、子どもたちにイメージを伝えます。

2. ポイントは「できるだけ具体的に」話をすること

「今から20年後、偶然にも夢がかなった状態で再会しました！　そこで、『久しぶり～！　今、何してるの？』から始めて、話をしてみましょう」と説明します。ペアまたはグループで話す順番を決めて、聴き役の人はできるだけ、話す人の答えが具体的になるような質問をすることがポイントです。「どこに住んでるの？」「今、どんな仕事をしてるの？」に対して、大雑把に「東京」などと答えるのではなく、「六本木

の 50 階建てマンションの一番上！」などというように、できるだけ具体的な話をするよう声をかけましょう。

3. 嘘もほんとうもない、自由な時間

「先生、嘘でもいいんですか？」という質問が必ずと言っていいほど出てきます。その時、僕は、「20 年後を想像して話をするだけでいいんだよ！」と返すようにしています。そして、その場合は何度も「全部夢がかなっているっていう状態だよ」と説明します。話を始める前に、20 年後にどうなっているか、考える時間をつくるといいでしょう。

嘘もほんとうもないのです！　1 人 1 分ずつ交替で話をして、周りの人は温かくうなずき、質問をしていくように声をかけます。

👍 これでクラスがうまくいく！

話し手の意見を否定せず、受けとめ合える場をつくることが肝心です。話の聴き方を大事にし、笑顔で明るく話を聴けるよう、教師が声をかけていきましょう。言えない子には無理をさせる必要ありません。温かく支え合っていきましょう。

Chapter 3

❹ あの人と一緒
自分の中に眠る可能性に気づこう！

対　　象	中・高学年
人　　数	2～4人（グループ活動）
用意するもの	筆記用具（特に赤鉛筆）、紙（A4サイズ程度）

❗ ねらい

憧れの人との共通点を探すことで、自分の中にある夢の可能性に気づく

▶ 進め方

1. イントロダクション

「みんなは、『この人みたいになりたい』という憧れの人はいますか？」と問いかけ、何人かに発表してもらいます。
「今日は、そんな憧れの人に近づいていけるように、みんなで協力して考えてみましょう」と説明し、1人1枚ずつ紙を配ります。

2. 憧れのあの人には……

ここからは、実際に教師が見本を見せながら説明します。まずは、「紙を4つに折って、線を引いていきましょう」と伝え、用意ができたところで、「左上のマスに、自分が『この人みたいになりたい』という憧れの人の名前を書きます。右上のマスには、自分の名前を書きます」と説明を続けます。「これから少し時間をとるので、憧れの人の名前の下に、その人の『こんなところをマネしたいな』と思うことをたくさん書いて

ください」と言って、書き出させていきます。

3．自分の「できている」こと、「ある」ことに気づく

書き出した「マネしたいな」というところの横、右下の枠に、今自分ができていること、できるように取り組んでいることを書いていくようにします。「例えば、サッカーの○○選手は『サッカーが上手』だよね。そして、自分は『毎日サッカーをしている』『同じフェイントができる』というように、できることを横に書きましょう」と具体的に例を示します。

ここでも少し時間をとり、ある程度書けたらグループで見せ合いをして、友達の「できること」「やっていること」を赤鉛筆で書き加えていくようにさせます。少し難しいので、教師がヒントを出しながら取り組むようにするといいでしょう。

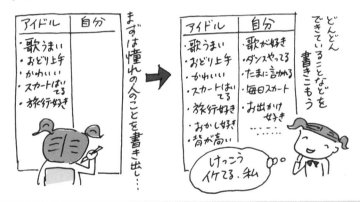

👍 これでクラスがうまくいく！

何かを目指す時、「あれがない」「これができない」と「ない」ことを克服することにばかり目が行きがちです。しかし、多少の違いはあれど、誰もが憧れの人に似たものをもっているもの。そこに気づかせることで、子どもたちの中に夢に向かうエネルギーが高まっていきます。

Chapter 3

みんなで一緒に夢に近づこう！
夢のバルーン

対　　象	中・高学年
人　　数	5〜10人（グループ活動）
用意するもの	風船（人数分）、フェルトペン（油性）、目印用の椅子やコーン（広いスペース）

❗ ねらい

トライ＆エラーを繰り返す大切さを体験する

▶ 進め方

1. イントロダクション

「みんなが大事にしていることって、なんですか？」と子どもたちに投げかけ、考える時間をとります。そして、「みんなが大事にしていることは、夢をかなえる時の大きな力になります。みんなが大事にしていることをしっかり抱えて、夢をかなえていきましょう」と声をかけます。

2. 大事にしていることを風船に乗せる

「これから、1人1つ、風船を配ります。もらった人は風船を膨らませて、空気が漏れないように結んでください」と、大きさの例を見せながら説明します。子どもたちの体格に合わせて大きさを調整するといいでしょう。両手で軽く持てるくらいの大きさが目安です。

「風船が膨らんだら、フェルトペンで自分が大切にしていることを、大きく書いてください」と、最初に考えた「大事にしていること」を風船にフェルトペンで書いていきます。

3. 力を合わせて、ゴールを目指せ！

　スタートからゴールまでは、コーンなどで曲がり角を入れて 15 〜 20 メートルくらいに設定します。「これから風船を持って、ゴールを目指して運びます。グループで一列になって、前の人の背中と自分のお腹の間に風船を挟みます。前の人の肩に手を置いて、風船を挟む体勢でも OK です。先頭の人は手で持って OK。風船は、夢だから落としちゃダメだよ。手で触ったり、落としたりしたら、はじめからやり直しです」と説明し、スタートします。

　制限時間（10 分程度）を決めて取り組むようにします。「やってみてわかったことは何？」「失敗した時、気がついたことは？」と、どのようにエラーを乗り越えたかをふり返っていきましょう。

👍 これでクラスがうまくいく！

子どもたちの様子を見ながら、ルート設定をしてください。前に進むことさえやっとであれば、曲がり角は入れなくても OK です。風船が途中で割れた場合は、新しいものを渡して再トライさせます。

Column 04　思うは招く！

　「学校の先生になる！」というのは、思い返せば子どもの頃からの夢だったように思います。そして気がつけば、今、教師として子どもたちと一緒に未来を創っている自分がいる。夢がかなっているんだなあ、という幸せを感じながら日々子どもたちと接しています。

　「思うは招く」という言葉を聞いたことがあるでしょうか。この言葉は、宇宙開発を手がける会社社長の植松努さんの講演をインターネット上で見た時に知った言葉です。巷で話題の「引き寄せの法則」というものを端的に表した言葉だと僕は解釈しています。ざっくりと言うと、「自分の願ったことは、すべてかなっていくんですよ」という言葉です。

　学生時代、「大学を卒業してまっすぐ教師になるのでいいんだろうか」と考えていた時期がありました。そんな時、ひょんなことからそれまで専攻していた「社会科教育」の分野から「野外教育」の分野に進む決断をし、会社勤めをした後に教壇に立つことになったのです。

　また、学生時代に「四国遍路を歩き通した」という人たちに出会うことがたまたまあり、「いつか挑戦してみたいな」と思っていたら、その後、偶然にも挑戦するチャンスに恵まれ、苦しみながらも1300キロを歩き通すことができました。

　ふと、ふり返ってみれば、これまでのいろいろな場面で、思い描いていたことが、少しずつかなないながらここまできているな、ということを感じます。そしてもちろんその途中には、苦しいことや辛いこともたくさんありました。しかし、そんな経験があったからこそ、乗り越えた時の喜びはひとしおであったと感じています。時々、授業のテーマと関連しながら、自分の経験談を話すことができるのもうれしいことです。そして今も、時間を見つけては旅に出るようにしています。

　新しい出会い、新しい景色。自分の中の「こうなるんだ！」を描き続けることが、夢に近づく一歩なんだな、と思います。

子どものワクワク「楽しむ力」に スイッチを入れるアイスブレイク

子どもたちのこんな様子、
見かけませんか？

- ★「上手だから、楽しいんでしょ」とひがんでしまう。
- ★「何をやっても楽しくない……」と元気がない。
- ★「楽しくないからやりたくない……」とやる気が出ない。
- ★「どうやっても楽しめない……」とあきらめてしまう。

子どもたちのこんな姿が見られるようになります！

アイスブレイクを行っていくと……

☆「楽しくやってたら、上手になってた！」と目を輝かせている。
☆「なんだかいろいろなことが楽しい！」と元気がある。
☆「やってみたら楽しくなるかも！」と前向きに取り組める。
☆「こうやったら楽しめそう！」と楽しみ方を見つけられる。

Chapter 4

「楽しむ力」を育てる

「楽しい！」という感情は、内側からあふれ出る意欲の源。
「楽しむ」という姿勢が、そのエネルギーを引き出していきます。

「楽しむ」ことのパワー

　大人も子どもも、「楽しいこと」は大好きです！　このことを否定する人はいないでしょう。実際、子どもの場合、授業中はまったく発言しないし、話も聞いていないような子が、休み時間になると遊びの中心になっているということも多いと思います。「楽しい」という感情は、笑顔を引き出し、パワーをあふれさせ、前向きに取り組む姿勢をつくり出していくのです。

　なかでも大事なポイントは、「楽しい」ではなく「楽しむ」ということ。「楽しい」ことを、自分で創り出す、あるいは発見していくことこそが「楽しむ」ことなのです。「楽しい」はもちろん大切ですが、「楽しい」は人やモノからあたえられるという側面もあります。

　だからこそ、子どもたちには、「楽しむ」ことができるようになってほしいのです。「楽しむ」ことで、「楽しい」状態を創り出し、自分の力をもっと発揮できるようになっていきます。

視点を変えることで、楽しめるようになる

　では、「楽しむ」ためにはどうすればいいのでしょうか。一言で言うなら、「視点を変える」ということです。急にトラブルが起こった。気がつけば後まわしにしていた書類の締め切りが明日だった。日々の業務の中では、「面倒くさい」と思ってしまうことも起こります。そんな時こそ、一息ついて、見方を変えていきましょう。

僕自身、視点を変えることで楽しめるようになったことがあります。新年度、新しく「校内安全点検」の担当になった時、「結局、壊れているところが修理されているのかわからないよね」と先輩に言われたことがありました。「かと言って、毎月会議で報告するのも手間だな……」と最初は思いましたが、「そうだ！　お便り形式にして知らせれば、自分の得意なことも活かせるぞ！」と考え、お便りを発行しました。
　視点を変えることで、自分ができることが見つかり、そして、楽しくなって、やる気が出る。「楽しむ」ことで、前向きに取り組むことができるようになるのです。

「できること」に取り組んでいく

　「楽しむ」ことは、もう1つ大きなパワーになります。それは、「続ける」ことができるということ。「楽しい」という感情は、「もっと楽しくやろう！」「もっとこの感情を味わいたい！」という気持ちを生み出します。そして、理屈抜きでなんだか続けたくなっていくというように、苦労することなく継続することができるようになるのです。
　継続することで、取り組んだことがだんだん上達していきます。僕の場合、前述のお便りは、少しずつ読みやすいものが作れるようになりました。続けることで、自分でも気づかないうちに成長していくのです。「毎月会議で報告」であったら、きっと続かなかったでしょう。
　面倒だな、手間だなと思うことでも、自分のできるかたちで取り組んでいけば、楽しむことができるようになるのです。

 Point！

「楽しむ」という姿勢が、エネルギーを生み出していきます。「視点を変える」ことと、「できること」に取り組むことが、「楽しむ力」を育てていきます。

Chapter 4

① 校長先生！たいへんです

ポジティブに考えるしかない！

対　　象	中・高学年
人　　数	4〜6人（グループ活動）
用意するもの	特になし

❗ ねらい

発想を転換し、前向きにとらえるものの見方を養う

▶ 進め方

1．イントロダクション

「みんな、校長先生ってどんな仕事をしているか知ってる？」と問いかけます。「集会で話をする！」など、子どもたちのイメージを受けとめましょう。「校長先生の仕事はそれだけじゃなくて、何かトラブルがあった時に、一緒に考えてくれるんだよ。今日はみんなで、校長先生の気持ちを体験してみよう！」と話を続けます。

2．何があっても、「ちょうどよかった！」

4〜6人のグループをつくり、説明を続けます。「グループで1人が校長先生役になって、他の人たちは児童や先生役です。児童や先生役の人たちは校長先生役に向かって、『校長先生！　たいへんです！　○○が起こりました！』と相談してください。相談されたら、校長先生役は慌てずにドヤ顔で『ちょうどよかった！』と言って、どうしたらいいか答えてください」と、例を交えながら説明していきます。

3. 答えられなくても、大丈夫！

　校長先生役の時間は1人1分間。1分経ったら交替します。全員が校長先生役をやって、「ちょうどよかった！」から答える体験をします。「え〜！？！？」と固まってしまう子がいる時は、そっと教師がヒントを出してあげたり、「今回は特別にパスもありだよ」と声をかけたりして、助けてもOKです。

　全員が体験できたところで、「おもしろい答えはあったかな？」と聞いてみましょう。他のグループの名回答（？）、珍回答（？）を聞きながら、大いに楽しんでください。

　発表してくれた子には拍手で応えましょう！

👍 これでクラスがうまくいく！

「ちょうどよかった！」と答えることで、強制的にポジティブ変換するのがこの活動のポイントです。はじめの例で「学校が爆発しました！」「ちょうどよかった！　そろそろ建て替えを考えてたんだよ」など、ぶっ飛んだ例を教師が見せると、子どもたちも乗ってきます！！

Chapter 4　子どものワクワク「楽しむ力」にスイッチを入れるアイスブレイク

Chapter 4

② 言うこと一緒
「間違えた！」も笑い飛ばして楽しもう！

対　　象	低・中学年
人　　数	何人でも
用意するもの	特になし（全員が円になれるスペース）

❗ ねらい

間違えても、笑い飛ばして楽しむことを体験する

▶ 進め方

1. イントロダクション

　「これから、みんなで体を動かしていこうか！」と声をかけ、全員で円になります。教師も子どもたちの円の中に入り、説明していきます。「これから先生が出すお題の通りに動いてください。合図は『言うこと一緒♪　やること一緒♪』です」と話をしていきます。

2. 声を出しながら動こう！

　「隣の人と、手をつないでください。先生が出すお題で、みんな一緒に動きます」と説明し、子どもたちの手をつなぐ様子を見て、話を進めていきます。無理に手をつながせる必要はありませんが、つないだ方がおもしろいです。
　「先生が『言うこと一緒♪　やること一緒♪』に続けて『前♪』や『後ろ♪』と言うので、『前♪』と言われたら『前♪』と言いながら、一歩前にジャンプします」と動きを確認します。「後ろ」「右」「左」も動き

を確かめておきましょう。

3．教師が混乱しちゃう！？

　子どもたちがルールを理解できたら「前」「右」など基本の動きで、活動に取り組みます。慣れてきたら、「次は『言うこと一緒♪　やること逆♪』だよ！」と声をかけ、動きを変えていきます。「前♪」とお題が出たら、「前♪」と言いながら後ろに一歩ジャンプ。間違えてもみんなで笑い飛ばして、どんどん進めていきましょう。

　さらにレベルアップで、「言うこと逆♪　やること逆♪」や、「言うこと逆♪　やること一緒♪」にも挑戦してみましょう。お題を出している教師が混乱してしまい、子どもたちと一緒に笑うしかなくなりますよ！

👍 これでクラスがうまくいく！

とにかく、間違えても気にせずに、笑い飛ばしてガンガン活動していきましょう。リズムよく、テンポよくやっていくことで、どんどん混乱していきます。僕自身、お題を出していても、必ず間違えます（笑）。教師の頭もかなり鍛えられますよ！！

Chapter 4

思考を変えて楽しさ発見！
③ カウントアップ

対　　象	中・高学年
人　　数	何人でも
用意するもの	特になし

❗ ねらい

できることに取り組む中で、楽しさを見つける発想の転換を考える

▶ 進め方

1. イントロダクション

「これからみんなで 30 までの数を数えていきたいと思います」と子どもたちに話をします。「え〜！？　簡単だよ！」と言う声が聞こえたら、すかさず「ただし、条件があります！」と言ってルールの説明に入ります。

2. 目を合わせない！　声もかけない！

「順番は決めません。誰から言ってもいいです。1人ずつ、『1』『2』『3』……と数えていって、30 まで数えてください。ただし！　途中で2人以上重なってしまったら、はじめからやり直しです」と話をします。そして、「数える時には、数を数える以外の声を出すことは禁止です。『オレ、○を言う！』などの話し合いはなしだからね」とルールを提示します。「はじめは 10 までにしておこうか？」などと投げかけ、低めの目標設定から始めます。

3．終わるタイミングが見極めどころ

　ルールが理解できたところで、活動を始めていきます。いきなりクラス全員でやると、かなり難しくなるので、最初は4～6人のグループから始めて、慣れてから全員で取り組んでみるといいでしょう。あんまりミスが続いたら、「どうやったらクリアできるかな？」と声をかけて、子どもたちに工夫を促します。それでもうまくいかなければ、「また今度チャレンジしようか！」などと声をかけ、活動を終了します。
　「楽しむためにどんな工夫をした？」などとふり返りをしていくといいでしょう。

👍 これでクラスがうまくいく！

同じ子がミスを続けてしまうと、「責める」ムードになりがちです。様子を見極めながら、「みんなで楽しむにはどうしたらいい？」とミスした子1人の責任にせず、クラス全員で考えていくことが大切です。あくまでも「楽しむ力」を育てることを念頭におきましょう。

Chapter 4

④ 短所を長所に変えると楽しくなる！
嫌なところは いいところ

対　　象	高学年
人　　数	2〜4人（グループ活動）
用意するもの	紙、筆記用具

❗ ねらい

自分自身に対する見方を変えることを体験する

▶ 進め方

1. イントロダクション

　「みんなは、自分のいいところと、嫌なところを自分で言えるかな？」と問いかけます。「先生にも、自分のいいところと、嫌なところがあるんだよね」と言いながら、黒板にいくつか書き出していきます。どちらも3つずつくらい書き出すようにします。

2.「嫌なところ」は「いいところ」

　「先生は、自分でこういうところがいいと思っているけど、こういうところが嫌なんだよね」と黒板に書いたことを示して、話をしていきます。「でも、この間、友達に言われたんだけど……」と言いながら、「嫌なところ」の1つを例にとって、紹介します。例えば、「決めたことをすぐにやれない」という「嫌なところ」について、「『じっくり考えてやるから、あんまり失敗しないよね』って言われたんだよ」と紹介し、「『嫌なところ』は『いいところ』でもあるんだよね」と続けます。

3．友達に「いいところ」にしてもらおう！

　ここまで説明したら、紙を配り、紙を縦に３つに折ります。左から「いいところ」「嫌なところ」を、時間をとって１人ひとり書いていきます。書き出すことができたら、隣の人やグループの人と紙を見せ合い、「嫌なところ」を「いいところ」に言い換えてもらいます。そして、「嫌なところ」の右側にいいところに変換された前向きな言葉を書いていきます。変換するのが難しいようであれば、教師がヒントを出してもOK。

　変換ができたら、お互いに"ありがとう"と笑顔で感謝を伝え合いましょう。何人かに発表してもらっても楽しいですよ！

👍 これでクラスがうまくいく！

子どもたちもある程度年齢が上がると、どうしても「自分の嫌なところ」にばかり目が行きがちです。見方を変えれば、短所も長所なんですよね。「そこがまた魅力なんだよ！」と気づかせたいですね。お互いに応援し合える関係づくりにも役立ちます。

Chapter 4

「こうしなきゃ！」の枠を取りはらおう！
❺ 筆を使わずに絵を描こう

対　　　象	全学年
人　　　数	4～6人（グループ活動）
用意するもの	模造紙、好きな道具、絵の具（広いスペース）

❗ ねらい

思考の枠をはずすことで、発想が広がる楽しさを体感する

▶ 進め方

1. イントロダクション

　「今度の図工の時間に、いつもと違う絵を描きます。その時に、筆を使ってはいけません。家にある道具を好きなように使って、描いてもらいます」と、1週間くらい前に話をしておきます。

　洗濯バサミ、スプーンなど、「こんな道具も使える！」という例をいくつか見せておきます。家族と相談して持ってくるよう、声をかけます。

2. 描き方も大胆に

　当日、「今日は普段使っている画用紙ではなく、模造紙に絵を描いていきましょう。グループで1枚の絵を完成させてください。友達が描いているところにくっつけたり、マネしたりしてもいいですよ」と説明し、模造紙を配ります。机の上では動きが制限されるので、広いスペースで床一面に模造紙を広げて描いていくようにします。

3．子どもたちの様子を見守ろう

　活動が始まると、子どもたちは自由奔放に絵を描き出します。なかなか描き出せない子がいたら、「○○さんのにくっつけてみたら？」「マネしてみたら？」と教師が積極的に声をかけて、気がねなくどんどん描けるように促していきます。

　あくまでも「楽しむ」ことがメインなので、「上手に描こうとしなくていい」ということを伝えましょう。グループ内で行き詰まってきたようであれば、「他のグループの様子も見にいこう」と声をかけて、立ち歩きを奨励します。

　道具の貸し借りも OK です！　発想の広がりを楽しむようにしてください。

👍 これでクラスがうまくいく！

「絵は上手に描かないといけない」という思い込みをはずすと、描くこと本来の楽しさがあふれてきます。ブレーンストーミングのように、「批判厳禁」「自由奔放」「便乗歓迎」の精神で、子どもたちの様子を見守りましょう。

Column05 「先生が一番楽しそうですね！」と言われよう

　運動会の定番でもあり、教師の頭を悩ませるのが「表現ダンス」ですよね。運動会の１か月くらい前から曲を決めて、振り付けを考えて……流れができたら子どもたちの様子に合わせて動きをアレンジして……と本番までなかなか気が抜けません。本番が近づくにつれ、こちらが焦ってきて「なんでできないんだー！」と落ち込むこともあります。

　教師も子どもたちも、どこかで「上手に踊らなきゃ！」という想いがあって、練習も本番も真剣すぎるくらい真剣になりがち。「静かにしなさい！」とついつい大声が出てしまうこともありますよね。そんな時こそ、学年の先生や他の先生たちと協力して指導に当たることが大切です。特に経験のある先生方は、「ここでこんな風に動いてもらうと助かる」ということを心得ていらっしゃるので、僕は思いっきり頼っていました。

　ある年、本番直前に細かい練習をやるよりも、「直前だし、とにかくほめて、本番に向けて気持ちを高めよう！！」と相談して、入場から退場までを通して踊った後、先生全員から一言ずつ、という時間をとりました。

　僕も含めて３人が言い終わった後、当日補欠に入ってくださった先生が、開口一番、「みんな、この中で江越先生の踊りが一番よかったよ！みんな見た？　あんなに楽しそうに踊ってるんだから！！」と、僕が一番ほめられるという予想外の展開に（笑）。思い返せば確かに一番乗っていた気もしますが、突然のほめ言葉に驚きました。

　「楽しむ」ことであふれてくるエネルギーは、見ている人にも伝染して、「楽しい」という笑顔の輪が広がっていくんだなあ、だから「教師が楽しむ」ことも大事なんだなあ、と感じたのです。子どもたちと一緒に、教師も楽しむ。むしろ、「教師の方が楽しむ！」くらいの気持ちで楽しんでみてはいかがでしょう。

Chapter 5

子どもたちの「人とつながる力」を育むアイスブレイク

子どもたちのこんな様子、見かけませんか？

- ★「みんなと仲よくしなきゃ！」とがんばりすぎている。
- ★「なんで○○やらないの！？」と「同じ」ことを強要する。
- ★ すぐそばで困っている人がいても、知らんぷり。
- ★ 相手が嫌な顔をしていても、気づかずに口を挟んでしまう。

子どもたちのこんな姿が見られるようになります！

アイスブレイクを行っていくと……

☆「あの子は苦手だけど、まぁ、いいか〜」とリラックスしている。
☆「そんなやり方もあるんだ！」と違いを認め合える。
☆「どうしたの？」と困っている人に声をかけられる。
☆ 相手によって「ここまで言っていいかな」と考えて関われる。

Chapter 5

人と「つながる力」を育てる

子どもたちは将来、「社会」の担い手になります。その社会では、いろいろな人と関係を結ぶ、「つながる力」が大事になってきます。

「人とつながる」ってどういうこと？

　「人とつながる力」と聞いて、どんな力を想像するでしょうか。東日本大震災の直後は、「絆」という言葉がクローズアップされました。お互いが困っているんだから、協力して助け合おう……そんなことが賞賛された反面、"自粛ムード"でさまざまなイベントが中止になったのも事実。どうしても、「人とつながる＝横並び」というイメージもついてきてしまいます。

　ここで伝えたい「人とつながる力」は、もっとゆるやかな「つながり」のことです。お互いのことに関心をもって、声をかけ合うけれど、無理して必要以上に関わらない。初対面の人であっても、ある程度は良好な関係を築いていける。困ったことがあれば、お互いに助け合える。

　「みんなと同じ」という横並びのギスギスした関係ではなく、「お互いを尊重しながら、良好な関係を築ける力」のことを言います。

人によって違う「良好な関係」をつくる

　なぜ、「人とつながる力」が必要なのでしょうか。僕たち教師も、子どもたちも、「クラス」や「学校」という組織・集団の一人である以前に、「社会」の一員です。社会とは、人と人との関係のこと。学校を卒業し、大人になっていけば、社会に対しての責任が発生してきます。いわゆる「社会人」として、さまざまなことが求められていきます。

　社会は、人と人の関係で成り立っているので、さまざまな人と良好な

関係を築けることが大切になってきます。良好な関係とは、「みんな仲よし！」ということではなく、相手に応じて適度な距離感で関係を築けること。たとえ苦手な人とでも、必要に応じて協力し合える。近所の人に、「いい天気ですね」とあいさつをする。職場の人に、「具合はどうですか？」と声をかける。

　人によって違いはあれど、お互いに心地いい距離感を保つことが良好な関係を築くことにつながります。

関心をもつことから始まる

　そのために、どんなことが必要か。根本にあるのは、「他人に関心をもつ」ことです。他人に関心をもつことで、相手の変化を感じ取ることができる。関心をもつことで、関係が生まれていく。あいさつのできる関係なのか、一緒に遊びに行くような関係になるのか、関わりの中から、お互いにとって良好な関係が築けていきます。

　関係を築いていくためには、相手に応じたコミュニケーション能力も必要になっていきます。相手の気持ちや立場を尊重しながら、こちらの気持ちを伝えていく。具合の悪そうな人がいれば、優しく「顔色が悪いですが、大丈夫ですか？」と声をかけてみたり、はじめて出会った人に「こんにちは」と声をかけたり。その中で、新しい「人とのつながり」が生まれていく。関心をもち、声をかけ合うことで、社会の中で良好な関係を築くことができるようになるのです。

Point！

「みんなと仲よく」を気にしすぎない。人によって心地いい距離感は違います。お互いに関心をもつことが、良好な関係づくりの第一歩！

Chapter 5

① 気持ちが通じるってうれしい！
こっち向いてお願い

対　　象	全学年
人　　数	何人でも
用意するもの	特になし

❗ ねらい

友達と気持ちが通じ合う喜びを体験する

▶ 進め方

1. イントロダクション

「みんなは、クラスの友達と気持ちが通じ合ってるかな？　『○○さんとなら！』という人はいると思うけれど、『ちょっと不安だな……』という人もいると思います。みんなで気持ちを通じ合わせる活動をしてみよう！」と声をかけていきます。

2. リズムに合わせてジャンプ！

「今から、みんなで１つの円をつくります」と声をかけ、円になって並びます。教師も一緒に円に入ります。順番は子どもたちにお任せでOKです。

　並び終わったら、「今から先生が『こっち向いてお願い♪』と歌うので、リズムに合わせてジャンプし、右か左に体を向けます。うまく息が合えば、お隣の人と目が合うので『イエ～イ！！』とハイタッチをして喜びましょう」と説明します。見本を見せるとよりわかりやすくなります。

3．うまく気持ちが通じ合うかな？

　子どもたちが理解できたら、「こっち向いてお願い♪」のかけ声をかけて、取り組んでいきます。なかなか目が合わない子がいたら、「1回だけ、特別に相談していいよ」と声をかけましょう。慣れてきたら並びかえをして、いろいろな子と交流できるようにしていきます。

　活動が終わったら、「目が合った時、どんな気持ちだった？」「合わない時は、どんな気持ちだった？」とふり返り、気持ちを共有するといいでしょう。目が合わなかったら、「え～ん」と悲しみのポーズをするようにアレンジしても、おもしろいです。

👍 これでクラスがうまくいく！

あまり難しいことを考えずに、ワイワイと楽しめる活動です。目が合うことのうれしさと、ハイタッチというちょっとした触れ合いで、気持ちのつながりを体験できます。

Chapter 5

② ジェスチャーしりとり
「ちょっぴり恥ずかしい！」が仲を深める！

対　　象	中・高学年
人　　数	6～12人程度（グループ活動）
用意するもの	人数分の椅子

❗ ねらい

「ちょっぴり恥ずかしい！」を乗り越えて、ジェスチャーで自己開示を進める

▶ 進め方

1. イントロダクション

「今から、ちょっと変わったしりとりをやってみない？　やるのは、グループでやるジェスチャーのしりとりです。ちょっと変わったしりとりなので、よくルールを聞いていてね」と説明していきます。この時、2～3人に手伝ってもらうようにしましょう。

2. 動物のジェスチャーを決めよう！

「まず、椅子を円にして座り、グループでリーダー（親）を決めます。リーダー（親）の人から始めるようにします。リーダー（親）から時計回りに、『自分がどんな動物か』、その動物のジェスチャーをグループのみんなに発表してください」と説明し、見本を見せます。例えば、「ゴリラ」と言いながら胸をたたく、「ヘビ」と言いながら手を体の前でにょろにょろ動かすなど、いくつか例を見せておきましょう。グループ内で

動物の種類が重ならないようにすることも補足します。
　全員の動物とジェスチャーが決まったら、活動を始めていきます。

3．失敗したら……大変身！

　「しりとりをする時は、まず自分の動物の動きをして、その後、『この人にパスしたい！』という人のジェスチャーをします」と説明し、実際にやってみます。例えば、ゴリラの人はゴリラの動きをした後、ヘビの動きをします。そうしたら、ヘビの人はヘビの動きをして、次にパスしたい人の動き……というようにどんどんつなげていきます。「途中で失敗したら、失敗した人がリーダー（親）の右隣に移動し、右に1つずつ詰めます」と、図や見本で説明します。移動したら、自分が決めた動物ではなく、移動したところに元々いた人の動物に役割（動き）が変わります。こうして、だんだんとジェスチャーがずれていくので、どんどん混乱していきます。

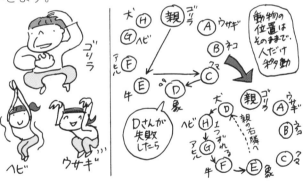

👍 これでクラスがうまくいく！

回数を重ねるとリーダー（親）が狙われるようになります。半強制的に動物が変わることで、動きが変わり、笑いの絶えない活動です。エンドレスなので、子どもたちが飽きる前にやめましょう（笑）。

Chapter 5

共通点があると仲が深まっていく！

③ 共通点を探せ

対　　象	中・高学年
人　　数	2人（グループ活動）
用意するもの	ミニホワイトボードなどの書き出せるもの

❗ ねらい

隠れた共通点を探すことで、友達との距離をぐっと縮める

▶ 進め方

1. イントロダクション

「みんなはクラスの友達のこと、よく知ってるかな？　今日は、みんながもっとお互いのことを知り合うために、友達と共通点を探そう」と説明します。

はじめは隣同士など、身近な友達と行っていくといいでしょう。

2. 制限時間でたくさん探す！

「『同じ服の色』や『同じ髪型』など、目に見える共通点ではなくて、『見えない共通点』を探してください」とルールを説明します。「制限時間は3分。できるだけたくさん見つけて、見つけたものをミニホワイトボードに書き出してください」「終わったら、どのペアが一番多かったのか、発表してもらいます」と終わり方まで理解できるように説明しておきます。

じゃんけんで勝った方が書くなど、統一しておいてもいいでしょう。

3．盛り上がる発表の時間

　時間がきたら終了の合図を出し、何個見つけられたのか、ペアでカウントしてもらいます。その後、各ペアでどんな共通点があったのかを発表させます。「兄弟が1年生」とか「走るのが好き」なんて発表しているうちに、「俺も！」なんて声も出て盛り上がります。個数も発表させて、多かったところには「チャンピオン！」と言って、盛り上げましょう。

　もちろん、優勝できなかったペアにも「がんばったね！」とねぎらいの拍手を送ることも忘れずに。

👍 これでクラスがうまくいく！

ペアがうまくいったら、班やランダムなグループなど、人数を増やしてもいいでしょう。さらに盛り上がります。ランダムにペアを組む時は、「あまり話したことのない人と組もう」などと声をかけると、友達関係も広がっていきます。新学期が始まってすぐの頃などにおすすめです。

Chapter 5

❹ 可視化することで違いに気づく！
アンケート

対　　象	全学年
人　　数	何人でも
用意するもの	ロープ（大きな円がつくれる長さ×２本） （広いスペース）

❗ ねらい

クラス一人ひとりの感じ方の違いを可視化して相互理解を深める

▶ 進め方

1. イントロダクション

「これから、みんなにアンケートに協力してもらいたいです」と話をします。「紙や鉛筆は使わないので、よく話を聞いてください。これからこの部屋を３つのエリアに分けます。先生が質問をするので、『自分はこの辺りだ』と思うところに移動してください」と説明します。

ロープを２本使って中心は同じで大きさの違う円をつくり、床に置きます。子どもたちは最初、ロープの外側にいます。

2．心の状態を表す３つのエリア

「ここ（教室など）につくる３つのエリアは、自分の心の状態です。先生の質問に、『そのくらい平気だよ、大丈夫だよ』という人は中心に近い内側の円に移動します。『ちょっとがんばれば大丈夫かな』という人は２つ目の円へ。『絶対無理！　絶対できない！』という人はロープの外に出てください」と説明し、３つのエリアを図で示しておきます。

3. 微妙な感覚も表現して OK！

　子どもたちが理解できたら、まず、「辛口カレーを食べられる人？」などの簡単な質問から始めていきます。円の中心から外側まで、「自分はこのくらいかな」と思う場所に移動します。3つのエリア内でも、中心寄りや、外側寄り、はたまたロープをまたいで……と、微妙なラインも OK です。

　移動が終わったら、「ちょっと周りを見てみて」と声をかけて、友達の場所を確認できるようにします。それぞれの立ち位置から「なぜこの位置なのか」を発表してもらうと、お互いの理解も深まっていきます。

👍 これでクラスがうまくいく！

一人ひとりの得意や不得意を可視化することで、相互理解を深めていく活動です。「全校の前で話をする」など、生活の中にあることもだんだんと聞いていくといいでしょう。「いじめられている子を助ける」などのデリケートな質問は、様子を見て慎重に行ってください。

Chapter 5

⑤ 言葉にならない気持ちが伝わる！
カードで話そう

対　　象	中・高学年
人　　数	何人でも
用意するもの	さまざまな絵や写真のカード（ポストカードなど）（全員が円になって座れるスペース）

❗ ねらい

　自分の気持ちを、言葉にならない部分までクラスのみんなと共有する

▶ 進め方

1. イントロダクション

　この活動は行事などの終わった後や、学期末などの節目に取り入れるといい活動です。「昨日、○○（例：運動会）が終わったよね。みんなのがんばる姿が見れて、先生はとてもうれしかったよ。そこで、みんなが今、どんな気持ちなのか聞かせてほしいんだ」と話を始めます。

2. 円になって座ろう

　「じゃあ、今からみんなで円になって座ろうか」と声をかけて、円になってお互いの顔が見えるように座ります。教師も円に入り、子どもたちと一緒に座ります。

　用意ができたら、準備しておいたカードを見せながら説明します。「これから、カードを床にばらまいていきます。床に置かれたカードを見ながら、（運動会）をふり返って、今の自分の気持ちに近いカードを

選んでください」と説明します。

3．カードが伝えるメッセージ

「取っていいのは1人1枚。同じカードを選んだ人がいたら、座る位置を並びかえて隣同士になったり、カードを後で渡したりして、全員がカードを使えるようにしてください」と説明を続け、カードをばらまきます。

すぐにカードを取りにいくのではなく、どんなカードがあるのか見る時間を少しとるようにします。制限時間を決めて、自分のカードを選びます。全員が選べたら、1人ずつカードを見せながら「今の気持ち」を話していきます。

言葉にならない部分も、カードがメッセージとして発信してくれるので、じっくりと聴き合いましょう。

👍 これでクラスがうまくいく！

カードの種類は多種多様なものがいいです。文字の少なく、イラストや写真のものを用意した方がインスピレーションが働きます。自分で撮った写真やインターネットから見つけた写真などもおもしろいです。お店にもセットで売っているところもありますよ！

Column 06 人とのつながりが気持ちの余裕を生む

　子どもたちに「人とつながる力」を育てるというテーマで Chapter 5 は構成してきましたが、実際のところ、教師自身はどうでしょうか。少し視点を変えて、「人とのつながり」のよさを考えてみたいと思います。人とのつながりは「人脈」とも言えますし、「友達の輪」とも言うことができます。具体的には、「隣の学校の○○先生と知り合いだ」とか「同級生の△△さんとよく食事に行く……」というそんなイメージです。

　教師という仕事の性質上、教師同士でのつながりが多くなります。地区の研究会に参加したら、まずは始まる前のあいさつ回りから……なんてことも多々。こうしたつながりは、何かあった時に共感し合えたり、具体的なアドバイスをもらえたりするので、とてもありがたいと思うのです。たとえ始めは寂しくても、だんだんとつながりが増えると楽しいです。

　それでも、それだけではもったいないよなあ、とも感じています。状況がわかり合えてしまうだけに、同じような視点、観点からの話にばかりなってしまうことも多いからです。そのため、僕は、積極的に教師以外の人とも交流をもつようにしています。「学校関係でない人からの視点をうまく自分の教室で取り入れるには？」と考えると、おもしろいことができます。例えば、企業向け研修をやっている人の手法は、そのままアイスブレイクやグループワークとして活用できたり、営業職の難しさや苦労話から、「学校では、こんなことができるように教えていくんだ！」と具体的な場面が見えてきたり。

　教師以外の人が客観的な視点で話をしてくれたことで、僕は何度も助けられてきました。おかげで自信がもてたり、気持ちに余裕が出てきたり。自分の実践をふり返るチャンスにもなるので、少しだけ勇気を出して踏み出してみることをおすすめします。地域のボランティアやちょっとしたセミナーに参加してみるだけで、新たな発見やつながりが生まれますよ！

クラスの「チーム力」を
どんどん高めるアイスブレイク

子どもたちのこんな様子……
見かけませんか？

- ★ 好き勝手に意見を言い合って、全然まとまらない。
- ★ がんばっているのは、いつも1人か2人。
- ★ 邪魔ばかりする子がいて、注意するだけで活動が終わる。
- ★ すぐに違うことをやり出す子がいて、前に進まない。

子どもたちのこんな姿が見られるようになります！

アイスブレイクを行っていくと……

☆ 意見を出し合いながら、1つの方向にまとまっていける。
☆ 「みんなでやろう」「一緒にやろう」という声がかけ合える。
☆ 注意される前に気づいて、自分の活動に取り組めるようになる。
☆ やることがはっきりして、みんなで目標に向かえる。

Chapter 6

一つひとつの成長過程が クラスの「チーム力」に

時には、クラスに「チーム」としてまとまりがほしいもの。
一致団結していくためには、成長過程の見極めが大事になってきます。

チームの成長過程を見極めよう

　学級はよく、「チーム」にたとえられます。辞書には、「ある目的のために協力して行動するグループ。」（デジタル大辞泉）とあります。学級によって目指す姿はそれぞれ違っても、協力して学び、成長していくことが「チーム」と呼ばれる所以でしょう。
　「チームの成長」を考えた時、「今、チームがどの段階にあるのか？」を見極めることが大切です。チームは４つの段階をたどって成長すると言われています。チームの成長段階に応じて、教師の働きかけも変わってきます。

チームの成長を測る指標「タックマンモデル」

　心理学者のタックマンは、チームの成長過程を４つの段階に分類しています。僕自身も、学級の状態をこの指標で観察しています。
　第１段階が「形成期（Forming）」。まだお互いのことをよく知らない段階です。お互いを知り合い、チームとして目指す方向を共有することが大切になります。
　第２段階が「混乱期（Storming）」。子どもたちの関係性が少しずつできてきて、ぶつかり合いが生じる段階です。ケンカなど意見の対立が増えますが、それはお互いを理解し合うために必要なプロセス。じっくりと取り組みましょう。
　第３段階が「統一期（Norming）」。ぶつかり合うことでわかってき

た価値観や考え方をもとに、新たなルールや枠組みを決めていく段階です。話し合いを重ね、お互いの違いを受容し合った上で、全員で新しい方向性を探ります。

　第4段階が「機能期（Performing）」。チームとしての結束力がぐっと高まり、目標に向かって邁進していく段階です。時と場合に応じて柔軟に役割が代わり、チームとして自立が見られます。

　この4つの段階を何度もたどりながら、学級のチーム力は高まっていきます。「今、この段階にいるんだな」と見極めることで、子どもたちへの関わり方もよりよいものになっていくのです。

対立を恐れずに価値を見出す

　チームとして成長していく過程で欠かせないのが、「対立」です。そして、どうしても教師は、「ケンカをしてはいけない」と言いがちになります。ケンカは子どもたちの価値観や考え方の違いから起こります。根っこにはお互いに「わかってほしい」という気持ちがあるのです。

　ですから僕は、「ケンカしてもいい」という話を、ことあるごとにしています。合わせて「『ケンカした後にどうするか？』を考えよう」という話も伝えています。

　対立はチームが成長するチャンス。前向きにとらえて、子どもたちと向き合っていきましょう。

 Point！
今、学級がどの段階にいるのかをしっかり見極めましょう。「対立」はチャンスです！　じっくりと向き合って、子どもたちと一緒に成長につなげましょう。

Chapter 6

① クラスで１つの目標を目指す体験を！
パッチン・リレー

対　　　象	中・高学年
人　　　数	何人でも
用意するもの	ストップウォッチ（全員が円になれるスペース）

❗ ねらい

みんなで目標に向かって進むことを体験する

▶ 進め方

1．イントロダクション

「みんなは『目標』って聞いたことある？ 『ここまで行きたい！』っていう目印のことだよね。このクラスにも目標がある。クラス目標はみんなが力を合わせないと達成できないよね。どうやって力を合わせるのか、これから体験してみよう！」と説明し、円になります。

2．見本は一緒に、伝わったら抜ける

円になったら、活動の説明をしていきます。最初は教師も一緒に円に入りましょう。「今から、先生が左隣の人の前で『パチン！』と1回拍手をします。目の前で拍手された人は、同じように自分の左隣の人の前で手をたたいてください。これをずっと時計回りに回して、１周するまでにかかる時間を計ります」と見本を見せながら説明します。

まず１周してみて理解ができたら、最初と最後の人を確認して、教師は円からはずれます。

3．時間を可視化して、目標を設定する

　教師が抜けたところで、「もう一度確認しよう」と声をかけ、最初の子から始めます。この時、１周するまでにかかるタイムを計り、終わったらこのタイムを黒板などに書いて見えるようにします。

　「次は何秒くらいでできそうかな？」と声をかけ、目標を設定します。勢いがついてきたら、どんどんタイムは縮まっていきます。なかなか縮まらなくなったところで、「もっと縮めるにはどうしたらいいと思う？」と声をかけ、出たアイデアに挑戦していきましょう。

　「あと○分ね」と終わりを決めておくと、真剣さも増します。

👍 これでクラスがうまくいく！

目標設定をする時は、「○秒以内」という表現より、「○秒をきる！」という言い方にしましょう。これだけで、がぜん子どもたちのやる気が出てきます。縮まっていくタイムを書いて可視化すると、ふり返りをする時に役立ちます。シンプルですが、なかなか奥深いです！

Chapter 6

② 集中力を持続させる！
ダブルフープ・リレー

対　　象	中・高学年
人　　数	10人程度（グループ活動）
用意するもの	フラフープ（グループ×２本）、ストップウォッチ（体育館などの広いスペース）

❗ ねらい

チームの課題に向かって全員で取り組む意識を高める

▶ 進め方

1．イントロダクション

「クラスのみんなで何かに取り組む時、大事なことってなんだろう？」と子どもたちに投げかけます。子どもたちの反応を受けながら、「今日は『みんなで活動する時に何が大切か？』をこれからやる活動の中で考えていきたいと思います」と説明を続けます。

2．見本を見せて、わかりやすく！

1グループ10人前後に分かれます。分かれたところで、見本として1グループに協力してもらいます。「これからこのフラフープを2本ずつ使って活動します。グループで円になって手をつなぎます。その時に円の中で2か所、フラフープを通して手をつないでください。フラフープは時計回りに回します。『始め！』の合図で、全員が2か所のフラフープをくぐって1周し、タイムを計ります」と、教師がフラフープをくぐる動きを見せながら説明していきましょう。

3.「グループ対抗」から「みんなで協力」へ

　全員が理解できたら、「できるだけ速く回せるよう、グループで工夫してね」と声をかけ、まずは作戦タイム。準備ができたら、フラフープのスタート位置を決めて、タイムを計ります。

　だんだんとタイムが縮まる中で、「隣には負けない！」とグループが燃え出したころを見計らって、子どもたちに声をかけます。「今、どのグループもクラスで一番を目指しているけれど、今度はクラス全体のタイムを合わせて○秒をきれるようにしよう！」と投げかけることで、グループ同士やクラス全体の関わり合いが生まれてきます。

　対抗意識と仲間意識をうまく活用していくといいでしょう。

👍 これでクラスがうまくいく！

「グループ対抗」や「みんなで○秒」にこだわりすぎず、子どもたちの様子を見て課題を設定してください。２本のフラフープを回していると気が抜けないので、かなり頭と体を使います。頃合いを見て、切り上げるようにしてください。

Chapter 6

③ 机の上でもみんなで協力！
文字探し

対　　象	全学年
人　　数	4〜6人（グループ活動）
用意するもの	新聞紙、筆記用具

❗ ねらい

友達とサポートし合えることの素晴らしさを体験する

▶ 進め方

1. イントロダクション

「今日は新聞を使って文字探しゲームをします」と言って、グループをつくります。新聞紙は全体で1日分あればOKです。各グループに1枚配り、筆記用具を用意します。赤ペンや赤鉛筆など、目立つ色の方が後で数えやすくなります。

2．できない時は、サポートに回る

「グループになったら、順番を決めてください。先生がお題を出すので、見つけたら丸をつけていきます。取り組むのは1人1分です」と説明し、順番を決めます。

順番が決まったら、続けて説明します。「自分の番では丸をつけていいですが、自分の番以外では、丸をつけることはできません。ただし、見つけて教えることはできるので、一緒に探してください」と注意点を伝えます。人数によっては2回取り組む子がいてもOKです。

3．目標を決めて、スタート！

「始める前に、グループで目標を決めてください。『全員で○個以上』と決まったら、黒板に書きにきてください」と目標を見えるようにしておきます。全グループが書き終わったら、「最初のお題は、『は』です」とお題を黒板に書き、1分を計りながら1番目の人が始めます。終わったら、「次は『板』です」と次のお題を書き、1分を計りながら2番目の人が始めます。

全員が終わったら数を合計し、発表してもらいます。「どうやったらうまくいった？」「どうやるともっとうまくいくと思う？」と投げかけていくようにしましょう。

👍 これでクラスがうまくいく！

低学年の場合は、ひらがなを中心に取り組んでください。目標の目安がわかりづらい場合は、事前に1回10秒くらいで取り組んでみて、目安を立てるといいでしょう。1文字だけではなく、「感動」など、言葉探しでも行えますが、難易度はぐっと上がります。

Chapter 6

④ ココア・リバー
大切なのはリーダーだけじゃない！

対　　象	中・高学年
人　　数	8〜10人（グループ活動）
用意するもの	すべりにくい小さな敷物（広いスペース）

❗ ねらい
フォロワーとしての関わり方について考える

▶ 進め方

1. イントロダクション

　線や目印で川をつくり、「今、みんなの目の前に熱々のココアの川が流れています。みんなで力を合わせて、向こう岸まで渡っていきましょう」と説明します。川の幅はバレーコートの横幅くらいに設定します。

2. 油断すると、どんどん難しくなる！

　「この川はとっても熱いので、みんなはココアにマシュマロを浮かべて、その上を渡っていきましょう」と、敷物をマシュマロに見立てながら説明します。「ただし、条件があります。渡っていく時は、グループのみんなが必ずつながっていなければいけません。そして、マシュマロは体のどこかが触れていないと流されて、もう使えなくなります」、そして、「グループの1人でも、ちょっとでもマシュマロに乗れず、熱々の川に落ちたら『大やけど！』なので、全員スタート位置に戻ってやり直してもらいます」と、具体的なルールを伝えます。置く敷物の数は、

「人数-1枚」を目安に様子を見て調整します。

3．制限時間を決めて、トライ！

「制限時間は 15 分です。グループで用意ができたら始めてください」と声をかけ、グループに任せます。はじめのうちは、ちょっと厳しめに教師がジャッジし、「今、離れたよね？」「足が川についているよ」と頻繁に声をかけて、緊張感をもたせます。そうすることで、子どもたちの真剣さも増してきます。

時間がきたら活動を止め、「自分が前に進まない時は、何してた？」「仲間のサポートをするために、どんなことをやった？」「どんなサポートができた？」などの問いを投げかけ、フォロワーとしての関わり方を考えるようにしていきましょう。

体育館の床の線などをうまく活用するといいです！

👍 これでクラスがうまくいく！

「すべりにくい小さな敷物」を探すのは難しいです。ラバーマットや 100 円ショップで売っている小さなすべり止めマットがおすすめ。雑巾でもできないことはないですが、床の材質との相性ですべることもあるので、あまりおすすめしません。使う場合は気をつけて！

Chapter 6

❺ みんなで一本締め
決まった時の一体感は最高！

対　　象	全学年
人　　数	何人でも
用意するもの	特になし

❗ ねらい

心を1つにすることで、心地いい一体感を味わう

▶ 進め方

1. イントロダクション

　学期末や学年末など、何かの節目に取り入れたい活動です。「今日で1学期もおしまいだね。1学期、どんなことがあったかな？　うれしいこと、楽しいことだけじゃなくて、嫌だなということや、たいへんだったこともあったよね」とふり返ります。

2."全員で"一本締め！

　「いろいろなことがあったけど、みんなはクラスとしてまとまって、成長してきました！！　ここまでの成長をみんなで祝福して、次の学期につなげるための活動をしよう！」と促して、みんなで席を立ちます。

　全員で1つの円をつくり、肩と肩とが触れ合うくらいの間隔に並びます。左手は手のひらを上向きに、右手は隣の人の左手の上に20センチぐらい離して手のひらを下向きにしておきます。「『せーの！』の合図でみんなで隣の人の上下になった手とパチンと手をたたくよ」と説明し、

やり方を確認します。

3.「せーの！」を誰が言う？

　はじめはうまく「パチン！」と音を出すことも難しいこともあるので、隣の人と練習する時間をとります。ある程度できるようになったら、「本番行こうか！」と声をかけて、全員で息を合わせます。「せーの！」の合図で「パチンッ！！」と音が揃ったら大成功！　みんなで拍手をして、チームワークの高まりを喜びましょう。

　「せーの！」の合図は、教師が言わなくてもOK。相談して「この人に！」という人に言ってもらってもいいでしょう。普段はなかなか目立てない子が活躍できるチャンスでもあります。

👍 これでクラスがうまくいく！

練習の様子を見て、すぐに成功できそうであれば、「せーの！」の合図を言わずに「パチンッ！！」と音を揃えるということにもチャレンジしてみましょう。一気に難易度が上がり、達成感が高まります。

Column07　リーダーシップとフォロワーシップ

　「チームを育てる」と考える時に、一番に浮かぶのは「リーダーシップ」のことではないでしょうか。グループやクラスの意見をまとめ、生活面の注意までできる……。なんだか教師より「教師」っぽいなあ、と思えるような子もたくさんいます。「先生、しっかりしてください！」なんて言われることも……（笑）。ただ、そういった子も、大人になった時に必ずしも「リーダー」になれるとは限りません。

　そんな時に考えていきたいのが、「フォロワーシップ」です。グループをまとめていくのがリーダーなら、リーダーを補佐して行動をともにするのが「フォロワー」です。「リーダー」を尊重しつつ、チームとして最大の成果を発揮できるよう、リーダーやメンバーと助け合いながら取り組む力も必要なのです。「リーダー」にしかなったことのない子がリーダーになれなかった時、その子がリーダーを無視してリーダーシップをとろうとすると、チームがガタガタになります。特に、「目立つから」という理由だけでリーダーをやりたがる子は、リーダーでなくなった瞬間、何もやらない……という状態になることも。

　役割の理想があります。学生時代に、とあるサッカーチームの研修スタッフをやらせてもらったことがありました。たまたまキャプテンがいるグループを担当しましたが、キャプテンのリーダーシップはもちろん、他のメンバーの「フォロワーシップ」が目を見張るほど素晴らしかったのです！　みんな日本ではトップレベルの人たち。それでも、キャプテンの立場を尊重しつつ、フラットな立場で意見を言い合う姿。お互いに支え合いながら、課題に取り組む姿。時には「リーダー」の立場が入れかわる……。

　「リーダー」と「フォロワー」という呼び方こそありますが、一人ひとりがチームのメンバーです。誰がどの役割になっても、チームが機能する、そんな姿を目指していきたいですね。

クラスで問題が起こりそうな時に役立つアイスブレイク

子どもたちのこんな様子、見かけませんか？

★ 授業が始まっても、なかなか静かにならない。
★ ちょっとしたことですぐにケンカになり、後を引きずる。
★ 答えや発言で間違えた人を、バカにする。
★ 教師が注意し続けないと、話を聞く姿勢がとれない。

子どもたちのこんな姿が見られるようになります！

アイスブレイクを行っていくと……

☆ 時間になると、自発的に静かになって授業が始まる。
☆ ケンカになってもすぐに解決して、気持ちよく過ごせる。
☆ 間違えても、「がんばったね！」と認め合える。
☆ 自分たちで話を聞く姿勢をとることができる。

Chapter 7

クラスのみんなが「声」を上げられる学級づくりのポイント

心配なこと、気になることがあっても、安心して誰かに相談できる。
自分たちで解決できるようになる。そんなクラスをつくるために。

どうしても「教師」に頼ってしまう

「○○君がたたいてきた」「△△さんが注意しても聞いてくれない」……。こんなことを訴えてくる子どもたち、毎日いませんか。子どもたちは思い通りにいかないと、どうしても「教師」に頼りがちです。介入が必要なことはもちろんありますが、ずっとこのままでいいのでしょうか。

子どもたちが大きくなった時のことを思い、「トラブルが起こったらどうする？　親に頼る？　上司に頼る？」「せめて身近なトラブルは、自分たちで解決できるようになってほしい」……。そんな問いかけをしながら、教師としての願いを、常に子どもたちに伝えてきました。それでも、子どもたちはこれまでの経験から、「先生に言えばなんとかなる」ということをしっかり学習しています。気がつけば、休み時間はトラブルの仲裁で終わった……なんてことにならないよう、子ども同士でも、解決できる環境を整えることが大切です。

トラブルを「学びのチャンス」と捉えよう

出張がたまたま重なった時、自習監督に入ってくれた先生から、「○○さんと△△さんがトラブルになった」という話をよく聞くようになりました。僕の前では、何事もないのに……と思いつつ、よく観察していると、確かにトラブルが多い。そこで、一対一で話をしたり、クラス全体で「どうしたらいい？」と相談したり。

結果的には、子どもたちが今、不安に感じていることや、不満に思っていることなどをクラス全体で共通理解して、「そのためにどうしようか？」ということが確認できました。そして、クラスのルールを新しくつくったり、曖昧だったルールの基準をはっきりさせるようにしました。

　トラブル続きの根っこを探っていくと、「信頼関係の確立」と「ルールの運用」に行き着きました。「ある程度気心が知れてきて、伝わると思ったけど伝わらなかった」「ルールの解釈が食い違った」……。これは、トラブルが起こったからこそ、わかったことです。その後はアイスブレイクをうまく取り入れるなどしたことで、クラスの雰囲気は少しずついい方向に向かっていきました。

コミュニケーションの質を上げるために「量」を増やす

　トラブルが発生した時に、自分たちで解決できるような深いコミュニケーションがとれるようにするにはどうするか。まずは、「コミュニケーションの量を増やすこと」に焦点を当てました。また、どうしても仲よしグループばかりで固まってしまうため、毎日簡単なアイスブレイクを取り入れ、いろいろな人と話をする機会を増やしていきました。

　すると、ある時子どもたちから「相談係」という係が立ち上がったのです。アンケートをとって、悩みを解決する係です。話を聞いて、必要があれば関係した子たちを呼んで……。特に介入はしなかったものの、子どもたちは自発的に解決できるようになっていったのです。コミュニケーションの「量」を増やすことで、自然と質は高まっていきます。

👍 Point！

ピンチはチャンス！　トラブルは成長につながるチャンスと捉えましょう。信頼関係を築いていくには、コミュニケーションの「量」が大切です。「いつでも、どこでも、誰とでも」話せる機会を増やしましょう！

Chapter 7

① 2分間瞑想
呼吸を整えて気持ちを落ち着かせる！

対　　象	中・高学年
人　　数	何人でも
用意するもの	タイマーやストップウォッチ

❗ ねらい
心を落ち着かせて、集中力を高める

▶ 進め方

1. イントロダクション

　「みんなは、『瞑想』って知ってる？」と問いかけると、「テレビで見たことある！」とか「修行するアレでしょ？」なんて答えが返ってきます。「そう、その『瞑想』が、今、注目されているんだよ。『頭がすっきりする！』とか『心が落ち着く！』って。みんなも、ぜひ、やってみましょう」と声をかけて、興味を引くように説明をします。

2. やり方の説明

　お寺などでやるように、座禅を組んで……は教室では難しいので、「椅子に座ったまま、背筋を伸ばして、リラックスできる姿勢をとりましょう。上靴を脱いでもいいし、椅子の上であぐらをかいてもいいです。ただし、お隣の人を邪魔しないようにしてね」と声をかけます。
　背筋を伸ばした方が集中しやすくなるので、「背筋をまっすぐ伸ばして座るといいよ」と声をかけてください。

3．活動の注意点

　クラス全員の準備ができたら、「2分間、目を閉じて呼吸に集中しよう。息を吸って、息を吐くことに気持ちを向けてみてね」と声をかけ、2分間タイマーをスタートさせます。子どもたちがキョロキョロしているようだったら、そっと目くばせをして、集中できるように促してみましょう。雰囲気ができあがってくると、キョロキョロしている子も落ち着いて取り組めるようになります。

　タイマーが鳴ったら、「ゆっくり、目を開けてください」と言って、子どもたちを起こします。感想を共有してもいいかもしれません。

👍 これでクラスがうまくいく！

この活動は、Google 社でも取り入れられているという「マインドフルネス瞑想」をヒントに考えました。「Google でもやってるんだよ！」と言うと、子どもたちもワクワクして取り組んでくれるようになりますよ！2分が難しければ1分や30秒でもOK。少しずつ取り組みましょう。

Chapter 7

❷ 話を「聴く」ことの大切さを考える！
聴いてちょうだい

対　象	全学年
人　数	2人（グループ活動）
用意するもの	お題を書いた小さな紙

❗ ねらい

「話の聴き方」で話し手の気持ちがどう変わるのかを体験する

▶ 進め方

1. イントロダクション

　ペアトークをしながら、話の聴き方を考える活動です。「よく『話をしっかり聴こう』ってことを言っているよね？　どうやったら『しっかり聴ける』のか、みんなで考えてみよう」と話し始めます。
　まずはペアをつくり、じゃんけんをして、話す順番を決めます。

2．いろいろな「聴き方」を設定する

　はじめに聴き役になった子全員を教師のところに呼び、「話の聴き方」に関するお題を伝えます（紙を渡しても OK）。「話を全部無視して机を片付ける」「勝手に自分の話をする」「近くの人とおしゃべりする」など、日頃の子どもたちの様子を見ながら聴き方を設定してください。
　「絶対に相手に言っちゃダメだよ。徹底的に役になりきってね」と声をかけてから、自分の席に戻ってもらいます。話す役の子どもたちには、この時点では何も伝えません。

3. さあ、話してみよう！

　全員が着席したら、「聴き役の人には、今、『聴き方のコツ』を伝えたから、話す人は何があっても一生懸命話してね」と説明します。「話をする時間は1分間です。テーマは……」と時間を決めて、「最近あったうれしかったこと」などのテーマを設定します。全員に伝わったら、教師の合図で話し始めます。

　教室中にいろいろな声が飛び交います。時間になったら、種明かしを忘れずに。その後、どんな聴き方をされた時に、どんな気持ちだったかを、クラスのみんなで考えていきましょう。

👍 これでクラスがうまくいく！

一度だけでなく、役割を交替するのも大切です。「話してみてどんな気持ちだった？」「どう聴いてもらいたい？」と、「話を聴く」時の注意をみんなで考えてみましょう。すぐには変わらなくても、日々取り組めるよう声をかけていきましょう。

Chapter 7

③ オールジャンル
「伝えた」ことのすれ違いを体験する！

対　　象	中・高学年
人　　数	2～4人（グループ活動）
用意するもの	紙（自由帳でも可）、筆記用具

❗ ねらい

自分の意図を「正確に」伝えることの難しさを体験する

▶ 進め方

1．イントロダクション

　「今から、みんなで絵を描いていきましょう。ただし、描いている最中に他の人に見せてはいけません。先生のイメージしている絵を言葉で伝えていくから、その通りに絵を描いてください」と声をかけて始めます。この時に、机の間隔を開けたり、背中合わせにしたりというように、ペア（グループ）の人の絵が見えないように配置します。

2．1人でお絵かきタイム

　準備ができたら、「先生の言う通りに絵を描いてください」ともう一度ルールを確認し、進めていきます。そして、例えば、「山の中に一軒家が建っています。近くには川が流れています。川には橋が架かっています……」と1つずつ要素を区切って説明します。風景が難しそうであれば、「丸があります。星がたくさんあります」など、記号を描いていくのもいいでしょう。説明しながら、教師も自分の手元で一緒に描くよ

うにします（くれぐれも子どもたちには見せないように！）。

3．みんなで見せ合う

　ある程度描けたところで、「では、ペア（グループ）の人と見せ合ってみましょう」と声をかけます。思い思いに絵を描いているので、まったく同じ絵はできません。

　ザワザワしてきたら、「先生はこんなつもりだったんだけど……」と言って、教師が描いた絵を見せると、クラス全員で盛り上がります。すかさず「どうして先生とみんなでこうなったんだろうね〜」と、子どもたちと一緒に考えていくきっかけにしましょう。「じゃあ、どうやって伝えたらいい？」と日常につながる問いかけをしていくことが大切です。

👍 これでクラスがうまくいく！

教師だけが伝えるのではなく、ペアやグループにお題の絵を配り、子ども同士で伝える、というアレンジも。お題を出す子が責められることのないよう、子どもたちの様子を見ながら、いろいろと工夫してみてください。子ども同士でもおもしろいですよ。

Chapter 7

「助けて！」と言い合える関係への第一歩！

ハッピー・サーモン・おにごっこ

対　　　象	全学年
人　　　数	何人でも
用意するもの	特になし（広いスペース）

❗ ねらい

体の触れ合いを通して、助け合う関係を体験する

▶ 進め方

1. イントロダクション

「みんなは、普段はどんなおにごっこをやってる？　今日はいつもとちょっと違ったおにごっこをやっていこう！」と声をかけ、説明を進めます。

子どもたちの中から3人、協力者を募り、見本を見せながら説明できるようにしましょう。

2. 協力して、助け合う

「おににタッチされた人は、冷凍サーモンになって、カチカチになります」と、1人にタッチし、固まってもらいます。タッチされた人は、気をつけの姿勢で、両手を頭の上で合わせ、冷凍サーモンの形になります。「普通の氷おになら、凍った人をタッチしたら溶けるけれど、これは冷凍サーモンなので、2人で協力して温めてください」と、残った2人で凍った人を囲み、両手を合わせて「ハッピー・サーモン・ファイア！」

と叫びます。

3.「助けて！」と叫ぼう！

「おににタッチされて固まった人は、ただ立っているだけでなく、大きな声で『助けて〜〜！！』と叫んでくださいね」と声をかけておくと盛り上がります。ルールとして、「ハッピー・サーモン・ファイア！」と言っている間におにの人がタッチするのも OK にするのか、子どもたちと相談して決めるようにしておくといいです。

囲む人数を増やしたり、動く範囲を変えたりすると、より楽しくなります。範囲は広すぎない方がおもしろく、1クラス 30 人でバスケットコート 1 面分ぐらいがちょうどいいです。

👍 これでクラスがうまくいく！

「助け合う、関わり合う」が中心テーマなので、特にふり返りはしなくてもいいと思います。「『助けて！』って叫んでるけど、普段は困った時に友達に『助けて！』って言えてるかな？」と声をかけながら、様子を見て日常とつながる気づきをあたえられるといいでしょう。

Chapter 7

⑤ 宇宙旅行
「うまくできない」人にどう寄り添うかを考える！

対　　象	全学年
人　　数	何人でも
用意するもの	フラフープ、CDデッキ（体育館などの広いスペース）

❗ ねらい

クラスみんなの過ごしやすさを考えるきっかけをつくる

▶ 進め方

1. イントロダクション

「今日は、みんなで宇宙旅行に出かけたいと思います。ここに広がる宇宙を漂って、いろいろな星に行きましょう！」と伝えます。事前にフラフープを10本ぐらい、スペースいっぱいに並べておきましょう。フラフープの1つひとつは惑星です。

2．宇宙旅行の約束

「みんなは宇宙服を着て旅行します。ただ、この宇宙服は音楽が鳴っている間しか宇宙を進むことができません。音楽が止んだら、必ず近くの星に着陸してください」と説明し、曲を流して見本を見せます。体の一部でも惑星（フラフープ）の中に入っていればOK。「こんな格好は？」という質問がたいてい出るので、「体の一部が惑星に入っていればOK」ということを繰り返し伝えます。

ルールが確認できたらスペースに散らばり、音楽をかけます。

3．惑星が減っていくと……

　音楽をかけて止める、を繰り返し、慣れてきたら、「隕石がぶつかった～！」と言って、1本ずつフラフープを減らしていきます。子どもたちは驚きますが、だんだんと惑星が減っていくと、いろいろと工夫をし始めます。

　それでも惑星に入れずに残ってしまう子がちらほら。そんな様子が見えてきたら活動を止めます。全員で「今、何が起こったのか？」を確認し、「どうやったら防げるか？」を考えていきます。

👍 これでクラスがうまくいく！

ふり返りをする時は、個人攻撃にならないように注意していきましょう。原因を探ることも大事ですが、普段の生活にどうつなげていくかを重視してください。「仲よくする」というところにとどまらず、具体的に考えられると、より深まっていきます。

Column08 「アイスブレイク」という手段にこだわりすぎない

　ここまでたくさんの「アイスブレイク」を紹介してきました。さまざまなねらいや、さまざまなタイプの活動を、学級経営の中に取り入れてもらえたらうれしいです。ですが、何も「アイスブレイク」にこだわり続ける必要はないのでは、という思いもあります。

　ここまで紹介してきた活動は、子ども同士の関わり合いのきっかけをつくる活動です。ある程度のルールはありますが、はっきりと「ここまではOK。ここからはダメ」と決まりすぎていない。それがアイスブレイクの活動のよさでもあり、また、もろさでもあると思います。

　僕はこれまで、中学年の担任をすることが多く、子どもたちが入学してからの3年間、4年間の中で関係が固定化してしまっている様子も見てきました。何かにつけて責めらてしまう子、すぐにふざけてしまい活動に参加できない子……。そんな子を見て、「なんとかしよう」「なんとかしなければ」と思い、あの手この手を尽くしますが、なかなか思うようにいかないこともありました。変えよう、変えようとすればするほど、うまくいかないことばかりが目立ってきて、自分が疲れてしまう……。

　そんな時、普段はふざけて参加できない子も、参加しているものがあることに気がつきました。それは、「トランプゲーム」。ババ抜きや大富豪など、ルールがはっきりしているものは、友達と大きなトラブルを起こさずに遊ぶことができているのです。もしかしたら、アイスブレイクのような直接の関わり合いは苦手でも、トランプのように道具があれば関わることができるのかもしれません。

　僕は、「関係づくり」ではなく、「アイスブレイクを行う」ことにばかり目が行きすぎていたんだなあ、と反省しました。「手段」にばかりとらわれず、「目的」を忘れないようにしたいですね。

こんなとき、
どうする?

ここでは、今までに、アイスブレイクについて度々相談を受けた事柄や耳にした疑問、また、アイスブレイクを実践していく中で僕自身も考えてきたことについてお答えしていきます。日々の実践の参考にしてください！

Q1 いざ「アイスブレイクをやろう！」と思って声をかけても、「やりたくない」となかなか入ってくれない子がいる時は、どうしたらいいですか？

A1：時々、そういった子もいます。「もう1人いてくれたら、その2人でペアになってできるのに！」と思う瞬間です（笑）。僕の場合は、まず近くに行って何度か声をかけてみます。「やったら楽しいよ〜」と言いながら（笑）。それでも嫌がる場合は、無理して入ってもらう必要はないと思います。「じゃあ、ここで見ててね。入りたくなったら入っていいからね」と声をかけて、教室の隅など、目の届くところで見ていてもらいましょう。

　みんなでワイワイ楽しそうにやっていると、いつの間にか一緒に入っていたり、じ〜〜〜〜〜っと見ていたり。その子なりに「参加」しているんだ、と考えて見守りましょう。そして、時々、「どう？」と声をかけることも忘れずに。「君のこと見てるよ！」というメッセージをしっかりと発信していきましょう。

Q2 アイスブレイクを実施していると、隣の教室から「静かにしてほしい！」と言われるなど、理解が得られていないように思います。あまりやらない方がいいのでしょうか？

A2：僕もよく隣のクラスの先生から怒られました（笑）。「何やってるの？！」なんて言われて、「すみません！」というように。「アイスブレイクなんて必要ない！」という方針の先生もいるので、難しいところですね。そんな時は、実施しやすい体育や音楽など、実技系の教科で取り

入れてみたり、場所を変えたりしてはどうでしょうか。音楽室や体育館などは、賑やかになることを前提につくられていますので、多少盛り上がっても安心です。

　同僚の先生たちは、いざという時に頼りになる存在です。ですから、「何かやっているのだろうから、このくらいは、まあいいか！」と言ってもらえるよう、日頃から関係をつくっておくこともちろん大切ですし、事前に「次の時間に騒がしくなるかもしれません」と、一声かけておくこともおすすめします。

Q3　実際に学級でアイスブレイクに取り組もうと考えていますが、何からやったらいいのかわかりません。

A3：「よし！　アイスブレイクをやってみよう！」という時、はじめは誰だって不安です。何をやったらいいのか、と一概には言えませんので、「これならやれそうかな？」と思うものから取り組んでみてください。イメージ通りにならなくてもOKです！　「先生もチャレンジしている」という姿勢は子どもたちにも伝わります。

　そして、やっていく中で自分なりのやり方、進め方も見つかってきます。今、僕自身も、この本に紹介したようなアイスブレイクに取り組みつつ、本で読んだり、自分で考えたりした新しいアイスブレイクも取り入れています。まずは、一歩踏み出してみましょう！！

Q4　クラスでアイスブレイクを実施しましたが、男女がなかなか手をつないでくれず、しらけてしまいました。うまく手をつなげるようにするにはどうしたらいいでしょうか？

A4：男女がなかなか手をつないでくれない……。こうした状況は、進行している教師としては、「つないでほしい」場面ですよね。特に高学年、思春期まっただ中の男女が手をつなぐ、というのは難しいものです。その場合は、「手をつながずともできる活動」を選択するか、「手をつな

がなくてもできる」ように工夫することがいいかなと思います。
　あくまでも「手をつなぐ」ことはきっかけなので、例えば、「キャッチ」（p.40〜41）のように少しずつ触れ合う活動を通して距離を近づけていったり、「ウイークデー・サークル」（p.38〜39）のように握手する活動を増やしたりすることで、手をつなぐことに抵抗がなくなることもあります。あまりこだわりすぎなくて大丈夫ですよ！

> **Q5** クラスの子どもたちがとてもやんちゃで、ハメをはずして大騒ぎするのではないかと心配です。ちょっと教室を離れれば立ち歩いたり、騒がしくなったりと、なかなか落ち着きません。それでもアイスブレイクをやった方がいいのでしょうか？

A5：うーん、気持ちはよくわかります！　僕自身も、そんなクラスを受けもった時はなかなか気が休まりませんでした。落ち着かない子どもたちは、これまでの経験からどこか満たされていないところがあったり、承認がほしかったりすることが原因としてあるように考えられます。
　「2分間瞑想」（p.130〜131）などの気持ちを落ち着かせる活動を行ったり、「嫌なところはいいところ」（p.88〜89）など、座ってできる活動を取り入れたりすることで、少しずつ雰囲気づくりをしていきましょう。また、「ほめほめじゃんけん」（p.50〜51）などでコミュニケーションの量を増やしていくことで、少しずつクラスが落ち着いてきます。あまり1人で抱え込みすぎず、同学年の先生や先輩たちにも相談して、取り組んでみてはいかがでしょうか？

おわりに —— 子どもたちの未来のために

　今でも覚えている「景色」があります。いつのことだったかは、はっきりと思い出せないのですが、ある晴れた日の休み時間。教室で丸付けをしている僕の机に、クラスの一人の女の子がやってきました。ただ他愛のない話をしていただけだったのですが、ふと顔を上げた時、教室にいる子どもたちが、光に包まれて見えたのです。ちょうど逆光に当たる位置に座っていたからかもしれませんが、あの時の不思議な感覚は、今でも覚えています。

　その瞬間、目の前で話していた子が、ふと大人になったように見えました。ほんの、一瞬。「あっ！」と思った次の瞬間には、いつもの姿。その時に、実感したのです。「僕は、未来を育てているんだ！」と。毎日毎日の関わり、今、この瞬間が、子どもたち一人ひとりの未来につながっている……。あの時の体験が、僕の中で折にふれフラッシュバックしてきます。

　教師という仕事は、ほんとうにたいへんな仕事です。毎日朝早くから夜遅くまで明かりのついている職員室。次々に起こる子ども同士のトラブル。放課後は、近所からの「注意してくれ！」という電話や、保護者からの電話。毎月のように行われる行事の準備。授業準備や校内研修。校舎が壊れれば修理をして、掲示物の整備も……。

　「すべては子どもたちのために」——これは、尊敬するある校長先生が、常に口にされていた言葉です。「学校の仕事だけでなく、休む時は休み、遊ぶ時は遊ぶ。すべての経験が、子どもたちのためになるんだ！」と、力強くお話ししてくださいました。本編の中にも書きましたが、合間を縫って、自分の時間をもつ。そうすることで、教師自身の世界が広がっていく。教師たちが元気なら、子どもたちも元気になります。だから教師たちこそ、自分の世界を広げる時間をもってほしいのです。

学生時代、「なんだかおもしろそう！」と、単位目当てで参加した授業で出会ったアイスブレイク。以来、さまざまな研修会や本で学び続け、また、たくさんの先輩たちから学んだものを、みなさんにおすそ分けさせてもらいました。僕一人の力では、この本を書き上げることができませんでした。本書で紹介したものは、僕なりのアレンジを加えたものがほとんどです。みなさんも、ぜひ「自分流」にアレンジして、クラスの子どもたちと取り組んでみてください。

　「教師向けのアイスブレイクの本、書いてみない？」と声をかけてくださった青木将幸さん。熱い想いを受けとめ、企画会議を通してくれた学陽書房のみなさん。はじめての本を書くにあたって、心構えを教えてくれたKAI。構成を迷っている時に、頭を整理してくれた勉強会のみんな。特に、エディトリアル・コーチの上野郁江さんには書籍執筆についてのアドバイスを、たくさんもらいました。ずっと気にかけてくださった職場の先輩たちや管理職の先生方。不安だったり、迷ったりしている時に「大丈夫！」とドンと背中を押してくれた素晴らしい仲間たち。みなさんに、今、心から感謝しています。

　そして、家族、両親。高校時代、「一人暮らしがしたい」というわがままを聞き、遠く離れた大学に進学させてもらったからこそ、今の僕がいます。ぶつかることもたくさんありましたし、今も心配ばかりかけているけれど、少しずつ、気持ちがわかるようになってきました。ほんとうに、ほんとうに、ありがとう。

　これまでもらってきたたくさんの想いが、全国の先生方の、そして、子どもたちの未来につながっていくことを願って。

2016年3月

江越 喜代竹

主要参考文献一覧

青木将幸
『ミーティング・ファシリテーション入門——市民の会議術』ハンズオン！埼玉出版部、2012年

岸英光
『ほめない子育てで子どもは伸びる——声かけをちょっと変えただけで驚くほど変わる』小学館、2010年

上田信行
『プレイフル・シンキング——仕事を楽しくする思考法』宣伝会議、2009年

中野民夫
『ワークショップ——新しい学びと創造の場』（岩波新書）岩波書店、2001年

プロジェクトアドベンチャージャパン
『グループのちからを生かす——成長を支えるグループづくり プロジェクトアドベンチャー入門』みくに出版、2005年

甲斐﨑博史
『クラス全員がひとつになる 学級ゲーム＆アクティビティ100』ナツメ社、2013年

上條晴夫監修
『ベテラン教師が教える目的別スグでき！ 学級あそびベスト100——短時間でできる！ 子どもの心をしっかりつかむ！』ナツメ社、2012年

諸澄敏之
『よく効くふれあいゲーム119——手軽で楽しい体験教育』杏林書院、2001年

堀公俊、加藤彰、加留部貴行
『チーム・ビルディング——人と人を「つなぐ」技法』日本経済新聞出版社、2007年

著者紹介

江越 喜代竹（えごし きよたけ）
千葉県公立小学校教諭・ファシリテーター
1985年、佐賀県生まれ。広島大学教育学部卒業、筑波大学大学院人間総合科学研究科修了。学生時代に参加したキャンプボランティア研修会で「アイスブレイク」と出会う。そこで「アイスブレイク」の魅力に惹かれ、手法を探求し始める。学生時代には500人の子どもたちを前にアイスブレイクを実施、心を掴むことに成功。大学院では野外教育の研究と実践に取り組み、体験がもつ力の大きさを実感。大学院修了後、会社勤務を経て2012年3月から小学校現場へ。アイスブレイクを活用した授業実践を展開する中で、「学校がつまらない」と言っていた子どもたちが「今までで一番楽しかった！」と目を輝かせるようになる。「アイスブレイク」に留まらず、お互いを認め合う関係を土台とした授業を展開している。これまでに、のべ1000人以上にアイスブレイクを提供。子どもたちの心に「熾」を残すべく日々実践を積み重ねている。
ブログ：『「生きるを楽しむ」先生のブログ』https://ameblo.jp/bamboo-takechiyo/

たった5分でクラスがひとつに！
学級アイスブレイク

2016年4月5日　初版発行
2019年2月25日　8刷発行

著者　　　　　　　江越喜代竹（えごしきよたけ）
装幀　　　　　　　スタジオダンク
本文デザイン・DTP制作　　スタジオトラミーケ
イラスト　　　　　岩田雅美
発行者　　　　　　佐久間重嘉
発行所　　　　　　株式会社 学陽書房
　　　　　　　　　東京都千代田区飯田橋1-9-3　〒102-0072
　　　　　　　　　営業部　TEL03-3261-1111　FAX03-5211-3300
　　　　　　　　　編集部　TEL03-3261-1112　FAX03-5211-3301
　　　　　　　　　振　替　00170-4-84240
　　　　　　　　　http://www.gakuyo.co.jp/
印刷　　　　　　　加藤文明社
製本　　　　　　　東京美術紙工

©Kiyotake Egoshi 2016, Printed in Japan
ISBN978-4-313-65307-8　C0037

乱丁・落丁本は、送料小社負担にてお取り替えいたします。
定価はカバーに表示してあります。